PAUL FERRINI

Auteur de *L'Amour sans conditions*

LE VRAI BONHEUR

Itinéraire pour guérir notre souffrance

et éveiller la Joie, notre droit inné

Dangles
DEPUIS 1926
EDITIONS

Traduit de l'américain par M. Chalanset.

Une marque du groupe éditorial Piktos,

Z.I. de Bogues, rue Gutenberg – 31750 Escalquens

Bureau parisien : 6, rue Régis – 75006 Paris

www.piktos.fr

ISBN 978-2-7033-0842-3

Table des matières

Au lecteur

Ce livre est fait pour vous si vous avez le désir sincère de laisser entrer dans votre vie davantage de joie et de bonheur. Peut-être aidera-t-il également une connaissance, un ami ou un être cher.

Le *Vrai Bonheur* est destiné non seulement à ma génération, celle du baby-boom, mais aussi à celle de mes enfants. Comme moi, vous avez peut-être des enfants entre dix-huit et trente ans qui se battent pour guérir ou pour être plus heureux. Ou, peut-être, êtes-vous vous-même un jeune adulte dont le parent se bat.

Les adultes de tous âges – de dix-huit à quatre-vingt-un ans – trouveront en ce livre un manuel à la fois simple et profond qui les accompagnera dans leur voyage vers la guérison et l'autonomie. Cet ouvrage parle sans détours de tous les problèmes majeurs : comment aborder la peur, la honte, la colère, la culpabilité et les origines de la dépendance. Il propose aussi des pratiques concrètes destinées à faire renaître la joie et la paix dans votre cœur et dans votre esprit.

Pour trouver le bonheur, vous devez croire que celui-ci est possible et être prêt à examiner les causes de votre mal-être. Il n'y a pas d'autres conditions préalables.

Une définition du bonheur

Ce livre ne parle pas du genre de bonheur que l'on voit sur les affiches ou dans les publicités télévisées. Il n'a rien à voir avec ce genre romantique à l'excès ou idéalisé. Il nous explique comment nous ancrer dans le présent pour faire face aux aléas de l'existence de façon aimante et pleine de compassion. Il nous dit comment être totalement nous-mêmes et comment assumer la responsabilité de ce que nous créons dans notre vie.

J'aime lui donner ce nom de Vrai Bonheur parce qu'il s'agit d'être vraiment humain, de regarder notre peur et notre souffrance en face, de consentir à guérir nos blessures afin de nous reconnecter à la joie qui est notre droit inné.

Bien sûr, il n'est pas si facile d'être vrai. Pour y arriver, nous devons nous sentir suffisamment en confiance afin de nous laisser aller à pleurer, mais aussi afin de chanter notre gratitude et nos louanges. Il nous faut être assez forts pour cesser d'accuser les autres et assez courageux pour tirer les enseignements que la vie nous offre.

Le *Vrai Bonheur* consiste à dépasser notre négativité et à prendre conscience de tout ce qui nous est donné pour être heureux. Nous serons ainsi à même d'expérimenter la mystérieuse beauté de l'existence. Cela implique que nous apprenions à nous laisser guider, à renoncer au besoin de contrôle, à permettre à notre vie de se dérouler de manière naturelle, organique. Il s'agit pour nous de devenir humain de façon totale, unique, exquise !

« C'est quoi, être VRAI ? »

La meilleure définition de « vrai » vient de l'un de mes livres d'enfants préférés *Le Lapin de Velours* de Margery Williams[1]. Lorsque le Lapin de Velours demande ce qu'on entend par être vrai, le Cheval de Cuir lui répond :

> « Être vrai ne vient pas de la façon dont tu es fait… C'est quelque chose qui t'arrive. Quand un enfant t'aime beaucoup, pendant très, très longtemps, pas seulement pour jouer avec toi mais t'aime RÉELLEMENT, alors tu deviens vrai.
> — Ça fait mal ? lui demande le Lapin.
> — Parfois, répond le Cheval de Cuir, qui ne mentait jamais. Quand tu es *Vrai*, cela ne te dérange pas d'avoir mal.
> — Est-ce que ça arrive d'un seul coup, comme un mécanisme à ressort qui se déclenche, demande-t-il, « ou petit à petit ? »
> — Non, pas d'un seul coup lui dit le Cheval de Cuir. Cela prend beaucoup de temps. C'est pourquoi ça n'arrive pas souvent à ceux qui sont très fragiles, ou trop tranchants, ou encore à ceux qui réclament beaucoup de soins. En général, quand tu arrives à être *Vrai* à force d'avoir été aimé, tu n'as plus de poils, tes yeux sont tombés, tu es tout désarticulé et en piteux état. Mais tout cela importe peu, parce qu'une fois que tu es *Vrai*, tu ne peux pas être laid, sauf aux yeux de ceux qui ne comprennent pas. »

1. *Le Lapin de Velours* de Margery Williams. Avec l'autorisation de Doubleday & Company, Inc. Garden City, New York, édition du 6 janvier 1958.

Le Vrai Bonheur est difficile à atteindre, mais il est durable. Comme nous le dit si bien le Cheval de Cuir : « Une fois que tu es Vrai tu ne peux plus revenir en arrière. Ça dure *pour tout le temps*. »[1]

1. Ndt : traduction libre

CHAPITRE UN

Le bonheur est un voyage

Le bonheur est un voyage.
La cime n'est qu'un des lieux de ce voyage.
La vallée en est un autre.
Il y a beaucoup de hauts et de bas au cours de ce voyage.
Autant s'y faire.

Rien d'extraordinaire

Vous n'avez rien d'extraordinaire à faire pour être heureux. Vous n'avez rien à dépenser pour être heureux. Inutile de croire en quelque religion que ce soit, qu'elle soit ancienne ou même moderne. Si vous croyez en Dieu, en Jésus, en Bouddha, en Moïse ou en Mahomet, cela vous aidera dans votre voyage vers le bonheur. Mais croire en Dieu ou en une religion n'est en rien un préalable.

En quoi devez-vous croire ?

C'est simple. *C'est en vous que vous devez croire*. Vous devez vous accepter juste tel que vous êtes.

Finies les histoires !

Quand je dis « vous accepter », je parle d'une acceptation radicale de soi.

Cela veut dire que vous devez consentir à ne plus utiliser votre histoire, celle de la personne que vous croyez être. Vous devez être prêt à renoncer à toutes les raisons qui vous font croire que vous ne pouvez pas être heureux.

L'acceptation radicale de soi signifie se connaître et s'apprécier à un niveau plus profond.

Je vous demande de faire quelque chose qui est à la fois simple et audacieux : Détachez-vous de votre « vieux moi » afin que puisse naître votre « nouveau moi ».

Votre vieux moi est une collection d'histoires que vous et d'autres gens avez inventées sur vous-même. Aucune de ces histoires n'est vraie. Elles ne font qu'ancrer votre mal-être. Alors renoncez-y.

Venez à ce livre complètement nu, sans rien. Venez simplement comme vous êtes. Laissez tomber les enjolivures et la poudre aux yeux. Ici, vous n'en aurez pas besoin.

Votre présence est nécessaire

Pour être heureux vous devez être prêt à être totalement présent à votre vie. Vous ne pouvez ni vous fuir ni fuir les autres. Vous ne pouvez pas ramper et disparaître dans une grotte, ni croire que les autres contrôlent votre vie. Ils ne le font pas.

Une seule personne contrôle votre bonheur ou votre mal-être, et cette personne c'est vous.

Pour être heureux, vous devez être totalement présent à votre vie et assumer la responsabilité de tout ce que vous pensez, ressentez, dites et faites.

Vous ne pouvez reprocher vos tourments à personne d'autre que vous.

Les reproches, la honte, vous gardent enfermé dans la souffrance. Ils représentent une grande partie de l'histoire que vous devez lâcher.

Voici quatre choses que vous devez apprendre à faire pour être heureux, donc autant vous y mettre tout de suite :

1) Soyez totalement présent (cessez de fuir).
2) Soyez responsable de votre vie (cessez d'accuser les autres).
3) Cessez de penser que les autres peuvent vous rendre heureux (ce n'est pas en leur pouvoir).
4) Acceptez-vous tel que vous êtes à l'instant présent (c'est le point de départ de votre voyage).

Cessez de vous maltraiter

Je suis sûr qu'il vous est arrivé dans la vie des choses dont vous n'êtes pas trop fier et dont vous vous sentez coupable. Il est probable que, comme la plupart des gens, vous vous en vouliez des erreurs que vous avez commises.

Eh bien, cela suffit. Il est temps d'accepter vos erreurs et d'apprendre d'elles. Si vous en tirez des enseignements, vous cesserez de refaire constamment ces erreurs. Au lieu de mal vivre le fait d'avoir dit ou fait quelque chose, engagez-vous dès à présent à ne plus dire et/ou à ne plus faire cette chose. Prenez à cet instant l'engagement de comprendre les peurs qui vous poussent immanquablement à être blessant avec les autres ou envers vous-même. Engagez-vous à considérer ces peurs comme des amies ; apprenez à les accueillir avec compassion et avec compréhension afin de ne plus vous maltraiter, ni vous déchaîner contre les autres.

Quand la peur remonte, apprenez à la voir et à la côtoyer. N'essayez pas de la faire disparaître ni de la transmettre à quelqu'un d'autre. Vos peurs vous appartiennent. Elles relèvent de votre responsabilité.

Il n'y a pas de mal à avoir peur

On n'a pas à se reprocher d'avoir peur. Tout le monde sent quotidiennement des peurs remonter en lui. Cessez donc de les fuir ou de vous en vouloir parce que vous avez peur.

La peur fait partie de la vie. Elle fait partie de la conscience et vous allez devoir apprendre à vivre avec elle.

Si vous essayez de repousser votre peur ou si vous tentez de la communiquer aux autres, vous ne ferez que la renforcer. Vous pensez peut-être pouvoir la rejeter là où personne ne la verra ni n'entendra plus jamais parler d'elle. Mais vous avez tort.

Plus vous la rejetterez, plus vous lui donnerez d'énergie. Et ce ne sera plus qu'une question de temps avant de la voir entrer en éruption comme un volcan.

Alors rendez-vous service. Épargnez-vous une dépression émotionnelle. Accompagnez votre peur quand vous la sentirez arriver. Apprenez à danser avec elle. Apprenez à l'enlacer. Votre peur ne vous fera aucun mal une fois que vous aurez appris à la voir comme une amie.

Il vous est possible de vivre vos peurs sans renoncer à votre responsabilité ou à être maître de votre vie. Vous pouvez marcher la peur à vos côtés, et c'est en avançant ainsi que vous finirez par la dépasser.

Les peurs vont et viennent. Soyez présent à elles, tirez-en des enseignements et elles ne mineront plus votre vie.

Le bonheur est un voyage

Nous pensons tous que le bonheur est un état d'esprit, un état d'âme et c'est tout à fait vrai. Un esprit en paix et un cœur joyeux sont des composantes majeures du bonheur.

Mais le bonheur est plus que cela. C'est un voyage. C'est un processus.

Cela veut dire que vous démarrez à un certain endroit et que vous finirez à un autre endroit. Quel que soit votre état, que vous soyez heureux ou malheureux, c'est simplement là que vous entamez ce voyage.

Donc, s'il vous plaît, acceptez le point de départ qui est le vôtre et ne vous comparez à personne d'autre. Chacun démarre à un endroit unique. Pour lui, c'est le meilleur mais aussi le seul d'où il peut commencer.

Ne vous demandez pas : « Pourquoi ne puis-je pas commencer ce voyage en étant plus heureux ? » Autant exiger de vous d'être un champion de base-ball alors que vous venez juste d'apprendre à manier la batte. Soyez patient. Vous devez apprendre à savoir faire des choses très importantes. Vous y arriverez à condition de bien le vouloir.

N'importe qui peut apprendre à frapper la balle. C'est juste une question de temps et de pratique.

Patience

Comme ceci est un voyage, vous allez devoir être patient. Vous n'arriverez pas à destination avant de partir. Cessez de vous infliger ce genre de pression.

Faites le voyage en avançant pas à pas. En chemin vous découvrirez de merveilleux panoramas ; il y aura des moments où votre esprit sera en paix et où vous aurez le cœur léger. Mais vous tomberez aussi sur des paysages qui laissent à désirer, et vous vous sentirez parfois triste ou perdu. Ces moments-là réclameront toute votre vigilance, tout votre engagement. C'est précisément là que vous voudrez tout laisser tomber. C'est à ces moments-là que vous risquez de perdre espoir.

Je vous dis cela parce que je ne veux pas que vous ayez des attentes irréalistes. Dans ce voyage, la route monte et descend. Le chemin ne va pas directement au sommet. La cime n'est qu'un des lieux de ce voyage. La vallée en est un autre. Il y a beaucoup de hauts et de bas, bien des montagnes et bien des vallées, au cours de ce voyage. Autant s'y faire.

Vous aussi vous aurez des hauts et des bas. Mais vous apprendrez à accueillir les deux, les hauts comme les bas, avec la même compassion. De cette façon, les hauts ne gonfleront pas votre ego et les bas ne vous terrasseront pas.

À mesure que vous vous habituerez à ce voyage, vous deviendrez un bien meilleur voyageur. C'est pourquoi vous pourrez avancer de manière plus rapide et plus habile.

Nous ne vous faisons pas commencer près du marbre de base-ball avec des balles qui filent à 150 km/h. Nous vous lancerons des balles à 30 ou 50 km/h, jusqu'à ce que vous arriviez à synchroniser vos mouvements et appreniez à frapper la balle. Quand vous saurez le faire, nous passerons à 60 ou 80 km/h. À la fin, vous aurez appris à frapper la balle à 150 km/h. Mais ceci, c'est la fin du voyage, non le début.

Même si c'est une bonne chose que vous ayez une vision du futur et que vous sachiez où vous allez, ce qui importe c'est que vous vous réconciliiez avec le fait d'être arrivé là où vous en êtes. Vous devez apprendre à faire vos tout premiers pas, de tout petits pas de bébé, sur ce chemin.

Ce qui ne marche pas

Il y a beaucoup de manuels qui vous disent que vous pouvez être heureux ici et maintenant, ce qui est évidemment vrai. Mais si vous l'étiez, vous n'auriez nul besoin de lire ces livres, ni même celui-ci.

Bien des gens vous donnent des phrases positives à répéter comme si elles pouvaient vous permettre d'accéder au bonheur ou le forcer à vous obéir. Cela ne marche tout simplement pas. Il est même certain que cela aboutit souvent à encore plus de frustration.

La vérité en la matière est que plus nous résistons à notre mal-être, plus nous allons être malheureux. Alors cessons de lui résister.

La première étape du chemin consiste simplement à admettre que vous n'êtes pas heureux et/ou que vous l'êtes moins que vous ne le souhaiteriez.

Je vais vous dire ce que je ne veux pas que vous fassiez : je ne veux pas que vous *fassiez semblant d'être heureux.* Je ne veux pas que vous portiez *le masque du bonheur* parce que cela ne vous aidera pas du tout. Certains, parmi ceux que vous côtoyez, seront peut-être dupes, mais ce masque n'est qu'un déguisement temporaire voué à l'échec. Ces personnes finiront par découvrir ce qu'il en est réellement. Alors pourquoi perdre du temps et essayer de cacher la vérité ? Avouez-vous la vérité. Avouez-la aussi aux autres. C'est la meilleure façon de commencer ce voyage, en toute honnêteté. Commencez par être vrai, authentique.

L'étape suivante

Une fois que vous aurez admis que vous n'êtes pas heureux, l'étape suivante consiste à examiner ce mal-être et à en découvrir les causes. Il existe de nombreuses raisons de se sentir malheureux. En voici quelques-unes :

- la culpabilité liée au passé/l'incapacité à se pardonner ;
- le ressentiment/l'incapacité à pardonner aux autres ;
- la honte due aux mauvais traitements sexuels/physiques/émotionnels ;
- la critique excessive de soi ;
- la critique excessive des autres ;
- le dénigrement systématique ;
- le besoin compulsif de faire des reproches aux autres, de les dévaloriser ;
- le sentiment d'indignité/le manque d'estime de soi ;
- une vie stressante ;
- l'infidélité/le besoin compulsif de sexe ;
- l'obsession de l'argent ;
- la dépendance au travail ;
- le refus de s'assumer/la victimisation ;

- l'abus de drogues/d'alcool ou d'autres substances ;
- la peur excessive/la paranoïa ;
- un mode de pensée négatif ;
- le stress pathologique post-traumatique ;
- la schizophrénie, la dépression et autres maladies mentales.

La liste est loin d'être exhaustive. Je suppose qu'elle vous fournit assez d'éléments pour que vous en trouviez de pertinents. Dans ce cas, entourez ceux qui s'appliquent à vous. Sinon, ajoutez les vôtres à la liste.

Puis regardez les mots que vous avez entourés et demandez-vous : « Quelle est la cause ou l'origine de ceci ? »

Prenons par exemple le premier élément de la liste : *culpabilité liée au passé/incapacité à se pardonner.* C'est l'une des causes majeures du mal-être de la plupart des gens avec lesquels j'ai travaillé. Une dame que je suivais avait perdu sa fille, plus de cinquante ans auparavant, dans un accident dont nul n'était responsable. Elle se reprochait pourtant encore sa mort.

Le trauma de mon amie l'avait conduite à dresser un mur entre elle et les autres. Dès que quiconque s'approchait, elle fuyait. Ce mur lui procurait un sentiment de « sécurité » mais bloquait en même temps l'intimité à laquelle elle aspirait tant.

La cause de notre mal-être est souvent une blessure initiale ou un événement traumatisant : un deuil, un mauvais traitement, une expérience où l'on s'est senti ignoré ou abandonné. À mesure que nous mettons en évidence notre blessure/trauma, nous apprenons à nous demander « À quel comportement dysfonctionnel cela me conduit-il ? Comment ceci limite-t-il ou contrôle-t-il ma vie ? »

Certains auront intérêt à se faire aider par un thérapeute pour faire toute la lumière sur la honte ou le trauma qui pèsent sur eux depuis des années.

Si c'est votre cas, je vous en prie, ayez le courage d'aller demander de l'aide. Vous n'avez pas à essayer de guérir seul. De nombreuses autres personnes souffrent des mêmes blessures que vous, des mêmes traumas. Trouvez un environnement qui privilégie l'amour et l'acceptation, un endroit où vous pourrez apprendre à vous pardonner.

Le pouvoir du pardon

La guérison de la plupart de nos blessures et de nos traumas réclame, sous une forme ou sous une autre, que nous nous pardonnions mais aussi que les autres nous pardonnent.

Nous ne pouvons pas être heureux dans le présent si nous persistons à traîner avec nous notre passé. Nous devons poser notre fardeau afin de pouvoir être totalement vivants ici et maintenant.

Les blessures sont des traumas qui ont besoin d'être reconnus et aussi pardonnés. Les deux parties du processus sont nécessaires.

Si vous niez l'existence de vos blessures, vous ne pourrez pas être heureux parce que vous continuerez à être dominé par les sentiments de honte, de colère et de peur qui s'y rapportent. En revanche, une fois que vous connaîtrez l'histoire de cette blessure et la douleur qui y est liée, le temps de la guérison et du pardon est arrivé.

Bien des gens se fourvoient quand ils tentent de reprocher aux autres les souffrances qu'ils ont vécues. Ces reproches retardent le processus de guérison et le rendent souvent plus difficile.

Certains arrivent à pardonner à l'autre bien volontiers mais sont incapables de se pardonner. Ils sont les otages de leurs erreurs passées. Cela aussi retarde et complique le processus de guérison.

Quelle que soit la blessure, vous devez faire la paix avec elle, pour la simple et unique raison qu'elle a existé. Il n'est pas en votre pouvoir de changer ce qui s'est produit. Vous devez l'accepter.

Quand vous acceptez et pardonnez, vous créez une possibilité de guérir et de tourner la page.

Exercice simple de pardon

C'est le bon moment pour dresser une liste de tout ce que vous n'arrivez pas encore à pardonner. Alors, achetez-vous un journal intime et mettez-vous au travail.

Inscrivez sur toute la largeur de la page :

« Je suis prêt à pardonner à .... pour .... »
Puis remplissez les blancs. Écrivez le nom de la personne et ce que vous lui reprochez. Écrivez cette phrase pour chacune des personnes à qui vous êtes prêt à pardonner de bon cœur.

Maintenant écrivez :

« Je demande pardon à .... pour .... »

Puis remplissez les blancs. Écrivez cette phrase pour toutes les personnes que vous avez blessées et dont vous souhaitez le pardon.

Par ces phrases, vous déclarez à vous-même, aux autres et au monde entier que vous êtes prêt à pardonner le passé et à en être pardonné. Une fois ces mots couchés sur le papier, vous en êtes responsable, alors ne les écrivez que si vous pouvez les honorer.

Désormais vous consentez à être assez ouvert pour accorder et recevoir intégralement le pardon, toutes les fois que l'occasion se présentera. Peut-être voudrez-vous reprendre contact avec certaines personnes, peut-être que non. Mais quand elles apparaîtront dans votre vie, lors d'un événement prévu ou de manière spontanée, souvenez-vous de ces mots et tenez-vous-y.

Vous ne devez pas vous attacher au fait que les autres décident, ou pas, de vous pardonner. Ça, c'est leur choix. Vous pouvez leur présenter des excuses et leur demander pardon, mais le choix de pardonner leur appartient et ils devront vivre avec.

C'est vis-à-vis de vous seul que vous avez une marge de manœuvre. Vous pouvez décider de pardonner aux gens qui vous ont blessé. Si vous ressentez d'abord le besoin de leur faire part de votre colère et de votre douleur, faites-le, n'hésitez pas. Ensuite dites-leur que vous n'avez plus l'intention de nourrir ce ressentiment. Dites-leur que vous espérez qu'ils tireront des enseignements de leurs erreurs et que vous, vous continuerez à prier en ce sens.

Puis détachez-vous. Lâchez prise. Laissez-les libres de vivre la vie qu'ils ont choisie. Vous n'avez plus à vous laisser emprisonner par leurs choix.

Si la colère ou le ressentiment reviennent, c'est qu'il est nécessaire de pardonner davantage. Le processus de pardon réclame du temps, d'autant que les problèmes sont souvent profondément enracinés.

N'allez pas imaginer que vous allez vous défaire en un clin d'œil des schémas psychologiques bien ancrés qu'il vous a fallu vingt ou trente ans à construire. Continuez simplement à pardonner plus en profondeur, au fur et à mesure que remontent les couches prêtes à guérir.

Nombreux sont ceux qui disent avoir pardonné alors même qu'ils se cramponnent à leur souffrance, à leur honte, à leur colère ou à leur statut de victime. Cela ne marche pas.

Vous ne pouvez pas à la fois laisser partir le passé et rester accroché à vos rancœurs.

Se pardonner

Pardonner aux autres n'est que le début de ce processus. La personne à laquelle il est le plus difficile de pardonner, c'est vous. En définitive, tout pardon revient simplement à cela. Vous pouvez pardonner à tous ceux qui vous ont blessé et eux peuvent vous pardonner vos offenses. Mais à moins d'arriver à vous pardonner, votre guérison ne sera pas complète.

Maintenant nous arrivons à la partie difficile. Inscrivez ces mots en travers de la page de votre journal :

« Je consens à me pardonner pour .... »

Faites une liste de tout ce que vous êtes prêt à vous pardonner de bon cœur.

Travailler sur les résistances

Si vous ressentez une forte résistance à pardonner, amenez, s'il vous plaît, cette résistance à votre conscience en faisant l'exercice suivant :

Inscrivez sur toute la largeur de la page les mots suivants :

« *Je ne suis pas prêt* à pardonner à .... pour .... »

Soyez honnête et incluez dans votre liste tous ceux à qui vous continuez d'en vouloir, tous ceux que vous couvrez encore de reproches et à qui vous ne voulez pas pardonner.

Maintenant écrivez ces mots :

« *Je ne suis pas prêt* à me pardonner pour .... »

Dressez une liste de toutes les choses que vous refusez de vous pardonner.

Voici, en quelque sorte, les devoirs à la maison que vous aurez à faire à l'avenir et auxquels vous finirez par arriver. Mais vous ne pouvez pas commencer par là, parce qu'il vous est impossible de pardonner à qui que ce soit, vous inclus, à moins d'être prêt à le faire.

Le travail de pardon constitue un vrai défi qu'il est rare de relever rapidement et sans difficultés. C'est souvent le processus de toute une vie.

Il est traversé par bien des hauts et des bas et quelques moments où tout est en l'air. Ce n'est pas chose facile que de pardonner et la plupart du temps nous n'avons aucun désir de le faire.

Mais tôt ou tard nous comprenons que ne pas pardonner équivaut à être écrasé par une énorme pierre sur le cœur qui nous empêche de respirer. La vie sans pardon est loin d'être heureuse.

Donc de temps en temps, peut-être une ou deux fois par mois, retournez à votre journal et notez le nom de toutes les personnes auxquelles vous avez été incapable de pardonner ainsi que toutes les raisons pour lesquelles vous n'arrivez pas à vous pardonner. Demandez-vous alors : « Suis-je prêt à pardonner à l'une de ces personnes ? Suis-je prêt à me pardonner ? »

Un jour viendra où vous répondrez « peut-être » en toute honnêteté. Et ça, c'est le tournant.

Lorsque vous êtes prêt à pardonner de bon cœur, tout devient plus facile. Vous commencez à ressentir que quelque chose bouge en vous vraiment. Vous vous mettez à vous sentir plus léger, plus lumineux, à espérer en un changement possible.

La pierre que vous avez sur le cœur se met à rapetisser et vous pouvez enfin inspirer profondément. Croyez-moi, c'est là une étape majeure de ce voyage.

Il est beaucoup plus difficile de respirer profondément que vous ne l'imaginez. Or, vous ne pourrez être heureux que si vous arrivez à prendre une ou deux grandes inspirations par jour.

Ne pas s'identifier à la blessure

Décider de guérir est un choix puissant que tout le monde n'accepte pas de faire. Souvent, lorsque les gens acceptent de se confronter à leurs souffrances, ils s'enferment dans toutes formes de honte, de reproches. Ils s'attachent à leur histoire. Ils vous diront, avec ou sans larmes dans les yeux, « je ne peux pas être heureux parce que mon oncle a abusé de moi quand j'avais six ans ». Ils s'imaginent être des objets abîmés. Leur blessure leur donne une identité. Ils deviennent leur histoire.

S'attacher à la blessure est aussi contre-productif que de la nier. Les deux approches sont dysfonctionnelles et empêchent toute guérison.

Non, *nous ne voulons pas nier la blessure*, nier ce qui a causé notre malheur, *mais nous ne voulons pas non plus y rester attachés jusqu'à la fin de nos jours*.

Nous nous penchons sur cette blessure afin de la comprendre et de la guérir. *Nous traversons la douleur, non pas pour nous y attarder, mais pour arriver à passer de l'autre côté.* Ceci a son importance.

Nous ne pouvons pas progresser dans notre voyage vers la guérison si nous ne « *traversons pas* » notre souffrance. Au bout du compte nous devons pardonner et lâcher prise. Il n'y a pas d'autre moyen de guérir.

Vivre dans le présent

Nous guérissons du passé de manière à pouvoir vivre totalement dans le présent. Alors la seule vraie question à se poser est : « Suis-je heureux en cet instant ? »

J'aime bien poser une question parallèle : « Est-ce que je m'aime en ce moment-même ? »

La raison est simple : quand je m'aime, il m'est facile d'être heureux, d'avoir une attitude positive et de coopérer avec tout ce que m'offre la vie. Mon mantra devient : « Est-ce que je m'aime en ce moment même ? » Si la réponse est « Non », la question me rappelle ce que j'ai à faire.

Une autre question d'égale importance est : « Est-ce que je me pardonne en ce moment-même ? » C'est une bonne question à poser quand la blessure ou la rancœur refait surface.

Bon nombre de gens croient que le pardon se fait en une seule fois. On aimerait bien que cela soit vrai, mais on ne peut pas dire que ce soit franchement le cas. Le pardon est un processus quotidien à renouveler à tout instant.

À un certain moment j'arrive à vous pardonner ou à me pardonner, l'instant d'après je suis assailli par le ressentiment ou la culpabilité. J'ai donc besoin de continuer à pratiquer le pardon et je dois, qui plus est, le faire avec indulgence. Je dois me pardonner de ne pas y arriver parfaitement. Je dois me pardonner de m'obstiner, de m'accrocher à mes rancœurs.

Souvenons-nous que le pardon n'est pas simplement un but vers lequel tendre. C'est quelque chose que nous pratiquons chaque jour de notre vie. Et comme en toutes choses, nous avons là aussi des hauts et des bas.

Certains jours, nous sommes magnanimes, et d'autres non. Quelquefois nous savons nous traiter avec douceur, mais il nous arrive parfois d'être insensibles, voire même cruels.

Quelle que soit notre expérience, nous devons l'accepter.

Demain nous ferons peut-être mieux. Demain nous serons peut-être capables d'apprendre de nos erreurs.

Mais aujourd'hui, tout ce que nous pouvons faire, c'est reconnaître nos erreurs et tenter de ne pas nous flageller de les avoir commises. Aujourd'hui, le mieux que nous puissions faire c'est de nous pardonner d'avoir tout fait de travers.

Un jour à la fois

Comme le savent si bien les convalescents, les choses doivent se prendre une à la fois. Nous ne pouvons pas forcer le processus de guérison à aller plus vite qu'il ne peut le faire, ce qui exige que nous soyons très patients avec nous-mêmes et avec les autres.

Si nous sommes trop pressés, nous courons le risque de sauter des étapes. Or, lorsque nous sautons des étapes, des parties de nous échappent à la guérison.

Ce n'est pas grave. De toute façon nous essaierons de sauter des étapes, et bien sûr nous nous casserons le nez. Il nous faudra apprendre à la dure qu'il est impossible de sauter des étapes et qu'à vouloir se précipiter on perd beaucoup de temps.

Nous avons tous essayé de précipiter le cours des choses, ou de nager à contre-courant. Nous finissons là aussi par apprendre que cela ne marche pas. Nous sommes obligés de « suivre le courant ». Toute autre attitude ne fait qu'augmenter notre frustration et épuiser notre énergie.

Le processus de guérison ressemble beaucoup à un fleuve. À certains moments, il fait des méandres et semble même se lover sur lui-même. Mais à d'autres moments, c'est dans le bruit et la fureur qu'il se déverse, triomphant de tous les obstacles sur son passage.

Nous devons nous préparer à toutes ces possibilités. Nous devons pourtant aussi être présents à ce qui se passe à l'instant même.

Pour ceux qui désirent guérir, c'est *le moment présent* qui importe le plus parce que la guérison ne survient pas dans le passé mais bien dans le présent.

Le moment présent est celui de notre guérison. Le moment présent est celui du pardon.

Se faire un cadeau

Quand nous concentrons toute notre attention sur ce qui arrive à l'instant même, nous nous faisons le plus beau cadeau qui soit.

Vous centrer sur l'instant présent vous apporte tous les cadeaux de la vie, parce que c'est là que nous sont pardonnés nos péchés. C'est là qu'est libérée notre culpabilité. C'est là que se produit la guérison. C'est là, enfin, que sont offerts les miracles et là qu'ils sont reçus.

Bien sûr, pour être réellement présent ici et maintenant vous devez laisser tomber votre histoire. Lorsque vous le faites, vous êtes nu, sans définition. Vous pourriez être n'importe qui ou n'importe quoi. Tout est possible.

Même si l'instant précédent vous étiez un alcoolique ou un drogué, dans l'instant présent vous pouvez tout laisser tomber : tout comportement, tout masque, toutes vos façons de vous définir.

Dans l'instant présent vous avez le pouvoir d'arrêter toutes vos dépendances, simplement en choisissant de vous abstenir.

Si vous optez pour la dépendance, vous projetez la lourdeur du passé dans le futur. Alors, c'est elle qui dirige votre vie et vous condamne à perpétuer le même schéma. N'est-ce pas là la définition d'une personne dépendante ?

Oui, vous avez à chaque instant le choix, même si ce n'est pas le sentiment que vous avez. Rien d'étonnant vu que vous vous obstinez à refaire encore et encore le même choix.

Il faut vous demander : « Qui fait ce choix en ce moment ? » Si vous répondez à cette question en toute honnêteté, vous devrez admettre que la personne qui « choisit » est ce petit enfant à l'intérieur de vous qui se sent complètement dépassé et terrifié par la vie.

Ce petit ne veut pas ressentir la douleur. Il refuse d'être dans le présent car cela équivaudrait à prendre la souffrance de plein fouet.

Alors, que fait-il ? Il se tourne vers ce qui lui offre une satisfaction immédiate. Un verre, peut-être, ou un joint ou une pilule, ou bien encore un orgasme ou une part de gâteau au chocolat.

Nous recherchons le « plaisir » pour éviter de ressentir notre douleur. C'est là que démarre le cycle répétitif. C'est ainsi que l'on devient dépendant.

Ne pas fuir la douleur

La cause de toute dépendance remonte au moment où l'enfant blessé s'est mis à refouler sa douleur. Pour la plupart d'entre nous cela remonte loin.

Mais vous n'êtes plus un petit enfant, non ? Vous êtes adulte et avez le choix, pas vrai ? Vous n'êtes pas obligé de fuir. Vous êtes capable d'être présent, de faire face à la vie, quel que soit le plat qu'elle vous sert. Pas vrai ?

Je vous en prie, soyez honnête avec vous-même.

En étant d'une honnêteté absolue, vous vous rendrez compte qu'en dépit de tous vos efforts pour grandir et pour laisser ce gamin désagréable derrière vous, il vit en vous, à fleur de peau. Assurément, vous pourriez même admettre que votre masque d'adulte se craquelle. Maintenant, ce n'est plus qu'une question de temps avant que vos plaies ne se mettent à saigner et que tout le monde ne les voie.

Il est temps d'affronter la réalité : c'est ce petit enfant maltraité ou abandonné qui régit votre vie, sabote votre carrière et votre vie de couple. Peut-être même que c'est lui qui est en train de passer sa colère sur votre enfant.

Peut-être vous efforcez-vous d'occulter ce gamin pour ne pas ressentir sa souffrance. Vous prendrez peut-être un comprimé ou un verre pour lui échapper ou alors vous vous enterrerez sous une tonne de travail vingt heures par jour. Chacun de nous a ses propres modes d'évitement, ses propres échappatoires.

Ce schéma est-il la cause de votre mal-être ? Probablement pas. Il en serait plutôt le symptôme.

La cause de votre souffrance est la blessure initiale, celle qui a fait que vous vous êtes recroquevillé sur vous-même en position fœtale et avez décidé que vous vous protégeriez de toute souffrance à venir en fermant hermétiquement votre cœur. C'est la souffrance originelle qui a fait que vous avez dressé un mur. Ce mur prend des apparences différentes pour chacun. Or, si vous voulez guérir, vous devrez l'abattre. Il faut cesser de vous tuer au travail ou au moyen de drogues. Il faut renoncer à votre schéma d'évitement car il fige et verrouille la douleur en vous. Finalement vous allez devoir sentir la souffrance que vous avez toujours fuie. Il est nécessaire que vous vous retrouviez face à la blessure pour pouvoir la guérir.

Ouvrir la boîte de Pandore

Voyons, je sais bien que vous ne voulez pas y aller. Comme la plupart des gens, vous avez peur d'aller scruter le trou noir, profond, dans lequel se cache votre douleur.

Vous vous êtes donné beaucoup de peine à essayer de grandir vite et de vous fabriquer un super masque d'adulte pour dissimuler votre douleur aux autres. À tel point que, quand vous vous regardez dans le miroir, il y a de grandes chances que vous pensiez que le masque qui s'y réfléchit, c'est vraiment vous.

Vous avez oublié que tout cela n'est qu'un simulacre. C'est votre faux moi, votre persona, que vous apercevez dans le miroir, pas le petit enfant blessé. D'ailleurs, vous préféreriez l'oublier celui-là, tout comme les méchantes blessures tapies au fond de votre cœur.

Vous ne voulez pas ouvrir la boîte de Pandore. Vous savez bien que si vous le faites, rien ne sera plus pareil. Vous avez peur, et c'est compréhensible, de perdre ce faux moi et de voir votre vie s'effondrer.

L'ironie, c'est que c'est exactement ce qui se produira si vous n'ouvrez pas cette boîte. C'est ce qui arrivera si vous restez dans le mental et refusez de ressentir votre douleur. Quelque chose en vous va tout bonnement exploser.

Mais comme ce n'est pas encore arrivé, vous allez probablement continuer de vous duper. Il est plus facile de vous cacher derrière votre masque professionnel. Il est plus facile de faire comme si tout allait bien même si au fond de vous vous savez qu'il n'en est rien.

Au cours de vos nuits blanches vous prêtez peut-être l'oreille aux pleurs déchirants de cet enfant, mais ceci ne vous empêche pas d'aller travailler et de dire un grand bonjour chaleureux à tous vos collègues. Chers amis, c'est ce qu'on appelle le DÉNI.

Quand le déni ne marche plus, vous vous enfoncez dans la dépression. Plus de grands sourires aux collègues le matin. Vous allez travailler mais vous ressemblez à un zombi qui agit mécaniquement. Tôt ou tard, la coque qui enserre ce déni éclate ou se fissure et se fracasse.

Le faux moi vole en éclats

La bonne nouvelle c'est qu'en se fissurant, la coque qui enserre le déni s'ouvre et libère la personne que vous êtes vraiment. Ce n'est peut-être pas beau, mais cette personne-là, c'est la vraie.

Humpty Dumpty[1] ne peut pas rester toute sa vie assis sur le mur. Il finira par se droguer, se soûler ou devenir adultère. Parfois il devient complètement dingo et finit à l'asile.

Le masque volera forcément en éclats et la persona se décollera du masque. Les pleurs volcaniques de l'enfant ressembleront au Vésuve en éruption. Voici venue l'heure de notre crise de guérison, le moment où nous sommes finalement obligés de faire face à notre souffrance de manière totale. C'est à cet instant-là que meurt notre vieux moi et que le nouveau moi, comme le Phénix, renaît de ses cendres. C'est l'instant de notre renaissance : nous sommes devenus des êtres authentiques, connectés à notre souffrance et à celle des autres.

C'est à ce moment-là que nous devenons totalement humains.

Avant d'en arriver là, c'est le petit enfant en nous que nous nous efforçons de cacher qui tire toutes les ficelles et nous contrôle de la tête aux pieds. Ces ficelles nous font monter, descendre, tourner comme des marionnettes. Autant l'admettre : nous sommes pris au piège, nous sommes accros.

Peu importe la forme précise que prend notre déni ou notre mode d'évitement. Ce qui compte, c'est que nous sommes coincés dans ces comportements.

Nous sommes sur un manège et nous tournons en rond. Nous sommes trop étourdis pour en sortir et incapables d'arrêter sa course.

1. Comptine enfantine. Humpty Dumpty, que Paul Ferrini compare au faux moi, est un œuf assis sur un mur. Il finit par tomber et se casser et la comptine dit : « Même les chevaux du roi ne peuvent le sauver. »

Nous avons atteint le stade où soit nous nous mettons à genoux et nous prions, soit nous appelons à l'aide. Parfois, c'est une bonne idée que de faire les deux !

Se faire aider

Voilà ce que je dis à mes étudiants :

« N'ayez pas peur d'enlever votre masque et de vous tourner vers quelqu'un. Dites la vérité à votre époux/se, à votre meilleur(e) ami(e), à un(e) thérapeute. Dites-leur que vous êtes vraiment stressé et que vos mécanismes de défense ne marchent plus. Si vous êtes dépendant d'une substance, dites-leur que vous êtes accro à l'alcool, au cannabis ou aux médicaments. Révélez votre secret avant que celui-ci ne vous saute à la gorge.

« N'attendez pas de traverser une crise émotionnelle majeure. N'attendez pas que votre vie soit totalement brisée.

« Minimisez les pertes. Arrêtez l'hémorragie. Sautez du manège avant qu'il ne devienne fou et ne mette votre vie en danger.

« Ne laissez pas l'orgueil vous retenir d'aller chercher de l'aide.

« Les blessures qui restent à vif seront transmises à vos enfants et à vos petits-enfants. C'est du lourd. Pour leur bien, sinon pour le vôtre, trouvez l'aide nécessaire avant qu'il ne soit trop tard.

« Chacun de vos choix compte, mais c'est celui-ci qui sera le plus important de votre vie. »

Retrouver l'enfant

Quand vous prenez acte de la souffrance qui existe dans votre vie et demandez de l'aide, vous commencez à sympathiser avec le petit enfant blessé qui n'a reçu ni l'amour ni l'attention dont il avait besoin en grandissant. Vous commencez alors à voir toute la souffrance, la honte, la peur que porte ce petit et vous en éprouvez de la compassion. Vous commencez à devenir l'ami de la petite fille ou du petit garçon qui contrôle la marionnette.

Ce n'est pas facile parce que nous n'aimons pas regarder les zones de guerre à l'intérieur de notre cœur. Nous n'aimons pas ce gosse ou cette gosse, qui se tient vraiment très mal.

C'est là que vous pouvez commencer à modifier la relation que vous avez avec cet enfant. Vous êtes capable de ne plus intellectualiser les choses et de vous connecter à votre cœur. Il vous est possible de sentir la douleur à laquelle vous vous êtes dérobé.

Par la suite vous arriverez à apprendre à lui faire un gros câlin. Vous arriverez à le rassurer en lui disant qu'il mérite d'être aimé, que ce n'est pas de sa faute si tout est si effrayant, si douloureux.

Au lieu de fuir cet enfant, vous arriverez à le prendre dans vos bras. Vous pourrez faire la paix avec lui. Vous pourrez de nouveau réunir l'adulte et l'enfant afin qu'ils ne fassent plus qu'un. C'est là un élément extraordinaire d'intégration psychique. Cela réclame du temps, cela réclame des efforts, mais les récompenses sont merveilleuses.

Chaque jour vous pouvez rencontrer cet enfant dans votre cœur et passer quelques instants à l'écouter et à parler affectueusement avec lui. Après quelque temps vous commencerez à voir que ce petit enfant – autrefois hostile et incontrôlable — suscite encore davantage d'amour en vous.

C'est parce que vous avez pris le temps d'être à son écoute et d'apporter de l'amour aux parties blessées en vous. Vous êtes devenu celui qui donne de l'amour. Vous êtes devenu ce parent aimant que vous n'avez jamais eu.

Synergie

Nous pouvons clairement voir à présent que la dépendance et les schémas d'évitement de la douleur qui lui sont liés ne sont pas la cause du mal-être mais bien leurs symptômes.

La cause du mal-être est la trahison de soi. Cette trahison démarre avec l'abandon de l'enfant intérieur et se poursuit par toutes formes de déni et de dépendance.

En apprenant à vous aimer et à vous accepter, la trahison cesse. Le petit enfant reçoit l'attention dont il a besoin. La division interne de la psyché commence à guérir. Une merveilleuse synergie se produit.

Le petit enfant commence à se sentir plus en sécurité et se met à jouer. Dans le même temps, l'adulte devient moins sombre, plus joyeux. On appelle cette intégration de l'enfant à l'adulte la « reparentalisation ». Lors de ce processus vous devenez votre propre parent aimant.

Comme vous vous occupez de votre enfant intérieur, sa confiance se met à grandir. Il ne craint plus d'être abandonné, comme il l'a été, par son papa ou par sa maman. Alors il vous invite à reprendre les ficelles. Vous n'avez donc plus le sentiment d'être une marionnette tirée à hue et à dia par quelque force dont le contrôle ou la compréhension vous échappent. Vous récupérez votre pouvoir. Les aspects divisés de votre psyché – l'enfant et l'adulte, le conscient et l'inconscient, le cœur et l'esprit – fusionnent à nouveau et ne font plus qu'un. Vous cessez d'être une victime, vous ne vous trouvez plus d'excuses pour ne pas arriver à changer. Vous cessez de traîner votre passé avec vous. Vous laissez tomber votre histoire. Ceci vous permet d'être vrai, authentique. Cela vous donne la force de vous avouer la vérité et de la dire aux autres.

Vous pouvez alors être ce batteur de base-ball qui s'avance vers le marbre et frappe une balle qui file à 150 kilomètres à l'heure. Vous arrivez même à renvoyer les méchantes balles coupées, pleines d'effets, que la vie précipite sur vous de manière inopinée.

Vous réalisez que vous avez à la fois le droit et la responsabilité d'être vous-même. Vous ne pouvez pas vivre au gré de ce que les autres désirent. Vous ne pouvez pas les laisser décider à votre place. Vous devez vous avancer vers ce marbre, tel que vous êtes, et tenter le coup.

Vous savez que vous aurez de bons et de mauvais jours. Vous apprenez à être présent à la fois à votre joie et à votre douleur.

C'est à ce moment-là que vous commencez vraiment à avancer dans le voyage de guérison et que les circonstances extérieures s'améliorent dans votre vie. Vous entamez la guérison de votre relation. Des possibilités de carrière plus intéressantes et plus épanouissantes s'offrent à vous. Vous vous faites de nouveaux amis qui soutiennent votre authenticité. Vous vous mettez à bâtir une communauté spirituelle.

Le vieux moi disparaît en même temps que la vieille histoire. C'est la naissance du nouveau moi.

Comme vous ne tentez plus de fuir votre souffrance ni votre tristesse, vous pouvez être là pour le petit enfant qui se sent quelquefois terrifié ou dépassé. Vous savez comment vous apporter de l'amour.

La conception que vous avez de vous-même devient plus réaliste. Vous savez que vous n'êtes pas parfait, que vous ferez encore beaucoup d'erreurs. Vous savez que certaines leçons seront difficiles. Mais vous apprenez à vous traiter avec douceur. Vous relâchez la pression. Vous trouvez enfin grâce à vos yeux.

Quand vous vous énervez, vous apprenez à assumer la responsabilité de vos sentiments et ne les déversez pas sur les autres. Quand vous exagérez, vous demandez pardon. Quand ce sont les autres qui exagèrent, vous vous défendez gentiment mais fermement. Vous cessez d'être un paillasson. Vous cessez d'être victime ou bourreau.

Tout ceci fait partie du processus de guérison.

Le vrai bonheur

« Quel est le rapport avec le bonheur ? » allez-vous me dire.

Merci de poser la question. Tout ceci n'a rien à voir avec le genre de bonheur que vous voyez sur les affiches ou dans les publicités télévisées. Rien à voir avec le bonheur trop romantique ou idéalisé qui nous est présenté comme le but de l'existence. Rien à voir non plus avec le « et ils vécurent heureux jusqu'à la fin des temps ».

Cela a tout à voir avec le fait d'être présent ici et maintenant aux aléas de l'existence, de les accepter avec amour et compassion. Il s'agit d'un bonheur authentique. Il s'agit d'être pleinement nous-mêmes, d'être responsables de ce que nous créons dans notre vie.

Ce n'est pas la version frelatée du Faubourg-Saint-Honoré avec son or et ses diamants. Ni même la version du bonheur sucré des séries télévisées où les gens font toujours ce qu'il faut et n'ont pas d'angoisses.

Je vous parle d'être un vrai être humain avec toutes les incohérences, les douleurs et les peurs que cela comporte, tous les désastres du cœur et de l'esprit qui arrivent au cours d'une vie.

Parfois la vie n'est pas belle. Elle n'est pas du tout conforme à nos désirs. Nous ne sommes pas toujours fiers de nos pensées, de nos dires ou de nos actes. Nous nous mettons en colère, nous sommes tristes ; tous, nous essayons de couvrir les autres de reproches, de leur faire honte. Mais nous apprenons à limiter nos dérapages, à devenir responsables de nos actes et demandons aux autres d'en faire autant. Nous apprenons à faire la paix, même si c'est après être partis en guerre.

Nous apprenons à être réellement présents, à être vrais les uns avec les autres. Voilà le genre de bonheur dont je parle. J'aime bien ce nom de *Vrai Bonheur*. Il signifie que nous apprenons à faire face à notre peur et à notre douleur afin de les traverser et de nous reconnecter à la joie qui nous est donnée de droit à la naissance.

Nous arrivons à verser nos propres larmes et à entonner nos chants de gratitude et de louanges. Quand tout s'assombrit et que les nuages s'amoncellent au-dessus de nos têtes, quand nous avons mal et ne savons pas comment guérir notre douleur, nous ne perdons pas la foi. Nous ne faisons aucun reproche, ni aux autres ni à nous-mêmes. Aucun reproche à Dieu ou à l'Univers. Nous prions pour éprouver une plus grande compassion, avoir une meilleure compréhension. Nous nous soumettons à nos leçons de vie pour pouvoir acquérir plus de force et de sagesse.

Nous arrivons à vivre une vie totalement humaine tout en faisant l'expérience de la présence divine en nous et chez les autres. Nous savons que notre vie se déroule à tout instant selon un but, même si nous ne le voyons pas toujours.

Chaque jour nous prenons conscience de tout ce qui nous est donné pour être heureux. Nous sentons que nous avons de la chance d'être en vie, de connaître la mystérieuse beauté de cette existence qui dépasse le haut ou le bas, le noir ou le blanc, la tristesse ou la joie. Chaque jour nous apprenons à nous passer du besoin de contrôler. Nous apprenons à nous détendre et à laisser la vie suivre son déroulement naturel, organique.

Nous sommes confiants que tout se passera bien et tout se passe bien. Voilà ce qu'est pour moi le Vrai Bonheur.

CHAPITRE DEUX

Itinéraire de guérison

Nous ne faisons pas un travail de guérison émotionnelle pour être déprimés et piégés par notre histoire. Nous le faisons pour voir nos schémas réactionnels afin de les transcender et d'exercer pleinement notre liberté de choisir le genre de vie qui nous convient.

Ne jamais remettre au lendemain

Il y a quelque chose de très profond et pourtant de très simple que je veux partager avec vous quant à la nature du temps.

D'abord, je souhaite que vous compreniez qu'*hier c'était trop tôt*, mais aussi que *demain ce sera trop tard.*

Hier, vous ne possédiez pas la compréhension que vous avez aujourd'hui. Il n'existe pas de choses que vous auriez pu faire hier. Hier, il était simplement trop tôt. Vous n'étiez pas encore prêt à apprendre cette leçon ou à faire ce changement.

« D'accord », dites-vous, « mais je ne suis toujours pas prêt. Je le serai demain. » Là, je serai obligé de vous dire : « Non, désolé. Demain, il sera trop tard. Si vous attendez demain pour faire ce que vous êtes prêt à faire aujourd'hui, la chance risque de ne plus se représenter. »

Ne gaspillez pas les occasions favorables qui arrivent en cet instant. Elles viennent à vous parce que vous êtes prêt. Ne vous torturez pas de ne pas avoir pu les saisir auparavant. Il ne faut jamais surseoir ou remettre au lendemain.

Saisissez l'instant, c'est le temps le plus fort de votre vie. Exploitez les forces qui sont à votre disposition maintenant. Cette décision changera votre vie !

Commencer à assembler les pièces du puzzle

Les causes de notre souffrance remontent peut-être à notre enfance, mais c'est aujourd'hui que nous devons en traiter les symptômes et aller au fond des choses.

Nous devons nous demander : « Suis-je oui ou non heureux en ce moment ? Si c'est non, qu'est-ce qui m'empêche de l'être ? »

Nous aurions tort de penser que le problème existe à l'extérieur de notre conscience. Il ne se situe jamais là. Le problème existe à l'intérieur de notre conscience. Le problème réside toujours dans notre tête et dans notre cœur.

Peut-être qu'une de nos croyances est erronée, ou qu'une peur remonte et nous paralyse. D'accord, c'est la porte d'accès au problème. Une fois grande ouverte, glissons-nous à l'intérieur et allons regarder. Que voyons-nous ?

Peut-être voyons-nous quelqu'un qui craint d'être abandonné, qui se méfie des autres, s'isole et reste déconnecté de lui-même. Cette personne a peur de sortir de chez elle, sauf pour aller à l'église et refuse tout rendez-vous amoureux parce qu'elle a vécu des expériences douloureuses par le passé.

Cette personne donne son pouvoir aux autres et attend que quelqu'un vienne la sauver ou s'occuper d'elle. Pourtant même quand son sauveur frappe à la porte elle ne va pas lui ouvrir. Elle a trop peur.

Alors essayez de déceler son énergie et dites-moi ce que vous voyez. Quelle est la nature de son énergie ?

Celle d'une personne en retrait, passive, bardée de défenses et qui se dissimule derrière un mur. Exact ?

Bon, que faire ? Certains pourraient dire : « Eh bien on brûle la maison et elle sera forcée de sortir. »

Ils ne se rendent pas compte qu'elle trouverait simplement une autre maison, une autre cachette. Cela ne marche pas de brûler la maison. Il ne s'agit ni de maison ni de quoi que ce soit d'externe, mais de conscience.

Qu'est-ce qui doit changer à l'intérieur de cette conscience ?

Voici un premier pas : la personne doit apprendre à reconnaître l'intensité de sa peur. Elle doit se dire : « C'est vrai, j'ai peur de sortir. J'ai peur que les autres me jugent ou me rejettent. »

C'est un début. Mais nous savons déjà que ceci n'a rien à voir avec « les autres ». Cela n'a de rapport qu'avec elle-même. Ce qui bloque le bonheur de cette personne se trouve dans sa tête et dans son cœur.

Alors nous lui disons : « Parlez-nous de votre peur. Que vous est-il arrivé pour que vous ayez aussi peur ? »

Là, nous apprenons qu'elle vient de rompre avec son petit ami. Cela a fait resurgir de forts sentiments d'abandon qui datent de son enfance, de la mort de son père. Elle n'avait que quatre ans. Nous apprenons que cette partie d'elle-même a toujours quatre ans, que son Papa lui manque beaucoup et qu'elle pense qu'il ne serait peut-être pas mort si elle avait été gentille avec sa petite sœur, comme il le lui avait demandé.

Nous voyons qu'à la souffrance émotionnelle de l'abandon s'ajoute la fausse culpabilité endossée par cette fillette de quatre ans qui se sent, à tort, responsable de la mort de son père.

Nous voyons une petite fille écrasée. Mais c'est elle qui continue à tirer sur la corde sensible de cette femme de trente-six ans. Cette petite fille est terrifiée et veut que sa Maman lui donne un peu d'amour et de réconfort.

Or, sa Maman a été obligée de devenir forte pour survivre à la mort de son Papa. Elle a dû faire bouillir la marmite et travailler jusqu'à point d'heure. Parfois la fillette restait deux ou trois jours sans voir sa Maman. Mais quand celle-ci revenait, elle se montrait irritable. Elle ne se montrait ni très aimante ni très patiente avec son enfant.

Privée d'une Maman affectueuse et d'un Papa protecteur, la petite fille a grandi avec un fort sentiment d'insécurité. Elle a continué de rechercher désespérément son Papa dans toutes ses relations avec les hommes. Bien sûr, cela n'a pas marché.

Comme sa Maman n'avait pas été, pour elle, un modèle d'affection, la petite fille n'a pas su se montrer affectueuse avec les hommes qu'elle rencontrait, ce qui les poussait toujours à dire qu'elle était « trop froide », « trop en manque ». Ils finissaient par se rendre compte que cette petite fille réclamait trop d'attentions particulières et la quittaient pour quelqu'un d'autre.

Voilà le schéma. C'est parce que cette femme de trente-six ans voulait mettre un terme à ce schéma qu'elle restait chez elle et refusait de sortir. Elle imaginait qu'en se tenant à distance de la vie elle serait en sécurité. Personne ne viendrait lui faire de mal.

Et c'est là que nous la trouvons.

Alors nous lui demandons : « Savez-vous qu'il y a une petite enfant apeurée en vous qui a besoin d'être aimée ? »

« Ouais », admet-elle, en larmes.

« Savez-vous que vous êtes la seule à pouvoir donner à cette fillette l'amour dont elle a besoin ? Vous ne pouvez pas espérer qu'un homme vienne vous aimer ou vous sauver. Cela n'arrivera pas. »

« Je sais », dit cette femme.

« Bon. Alors donnez à cette petite fille l'amour qu'elle réclame. N'entrez pas tout de suite dans une nouvelle relation car vous répéteriez le même schéma. Mais n'abandonnez pas pour autant l'idée d'avoir une relation. Vous n'êtes pas une marchandise abîmée. Vous avez seulement besoin d'un peu de temps pour guérir.

« Entre-temps, prenez bien soin de cette enfant. Soyez gentille avec elle. Sortez ensemble vous amuser. Elle a besoin d'une Maman et d'une amie. Peut-être pourriez-vous être sa Maman et son amie. »

Avec le temps cette femme de trente-six ans apprendra à être la maman de la fillette de quatre ans. Alors, elle se pardonnera d'avoir été méchante avec sa sœur et cessera de se sentir responsable de la mort de son père.

Elle progressera dans sa guérison émotionnelle et sera plus présente à sa propre vie. Elle se fera des amies qui pourront lui offrir le soutien et l'affection qu'on a pour une sœur. En étant plus forte émotionnellement, elle aura davantage de choses à offrir dans une relation et n'attirera plus d'hommes qui l'abandonneront.

Bref, elle guérira de ses blessures et accédera à son propre pouvoir et à sa mission de vie. La fillette grandira et sera à l'aise dans le corps de la femme de trente-six ans.

Blessures initiales/croyances essentielles

Toute guérison émotionnelle commence par une idée simple mais néanmoins profonde : *acceptez votre expérience telle qu'elle est.*

Cessez de la combattre, de la nier, ou d'essayer d'en faire quelque chose d'autre.

Une fois que vous aurez accepté votre expérience, examinez-en la cause. Demandez-vous : « Quelle est la cause de ma peur, de ma tristesse, de ma rancœur, de ma colère, de mon chagrin, de ma jalousie, etc. » *Mettez à nu la croyance essentielle sur vous-même qui alimente votre mal-être, votre conflit ou votre désespoir.*

Voici quelques exemples de croyances essentielles :

- « Je comprends que ma colère (ou ma tristesse) dissimule la croyance que je ne suis pas assez bien. Je ne suis pas à la hauteur de ce que veulent les autres. Je les déçois. Rien de ce que je fais n'est jamais assez bien. »
- « Je comprends que ma peur dissimule la croyance que je serai abandonné(e). Chaque fois que j'aime quelqu'un, il me quitte, donc je ne dois pas être digne d'amour. Il doit y avoir quelque chose qui ne va pas en moi. »

Écrivez cette croyance essentielle en toutes lettres. Allez au fond des choses. Une croyance essentielle naît d'une blessure initiale. Quelle est-elle ?

Voici quelques exemples de blessures initiales :

- Papa ou Maman est mort(e) et m'a abandonné(e) quand j'avais quatre ans.
- Papa ou Maman me critiquait constamment et me disait que j'étais bête et que je ne vaudrais jamais rien.
- Papa ou Maman s'emportait toujours violemment contre moi et m'en voulait de ce qu'il/elle n'était pas heureux(se).

- J'ai dû m'occuper de Papa ou de Maman (parce qu'il/elle se droguait/était alcoolique, avait une maladie mentale ou un handicap physique, etc.). Il/elle était incapable de s'occuper de moi.
- J'étais délaissé(e), invisible, une brebis égarée dont personne ne remarquait l'absence. C'est mon frère ou ma sœur qui concentrait toute l'attention de la famille. J'en ai conclu que je ne comptais pas.
- J'ai été agressé(e), abusé(e) sexuellement (par mon père, mon oncle, mon frère, le prêtre, à vous de remplir le blanc ----------).

Il y a de nombreuses sortes de blessures initiales mais elles reviennent toutes à une seule chose : « *J'ai été agressé(e), délaissé(e), abandonné(e) et j'ai eu mal.* »

Les réponses aux questions-clés qui suivent vous aideront à retrouver, puis à assembler les pièces du puzzle :

1) Quelle *émotion dominante* imprègne votre conscience ?
2) Quelle est votre *blessure initiale* ? Qui vous a fait souffrir et comment ?
3) Quelle est votre *croyance essentielle* ? Quel message sur vous-même avez-vous intériorisé ?
4) Quel est votre *schéma comportemental réactionnel* ? Comment avez-vous réagi à la blessure : en luttant ou en fuyant ?
5) Qu'est-ce qui vous insupporte aujourd'hui ? Quelles formes ce schéma comportemental prend-il actuellement dans votre vie et dans vos relations ?

6) Comment *les violences s'enchaînent-elles* ? Quel impact vos schémas comportementaux réactionnels ont-ils sur vos enfants ou sur d'autres êtres aimés ? Comment votre blessure initiale se transmet-elle ?

7) Quelles sont les *leçons* que vous devez apprendre ? Quelles *stratégies de guérison* peuvent vous aider à transformer votre vie ?

8) Comment pouvez-vous renverser votre *schéma comportemental réactionnel* ?

Vous vous demandez peut-être pourquoi nous prenons le temps de faire ce travail manifestement difficile. Est-il vraiment nécessaire ?

La réponse est : « Assurément. Si vous voulez vous réveiller, vous devez comprendre ce qui vous fait réagir mentalement et émotionnellement, et comprendre aussi les schémas comportementaux réactionnels qui remontent à votre enfance. Si vous ne comprenez pas votre blessure initiale ni la croyance essentielle qui vous anime, vous continuerez à vous laisser inconsciemment mener par elles. Vous ressemblerez à une marionnette contrôlée par des ficelles invisibles, secouée en tous sens au moment le plus inattendu. »

Comment pouvez-vous prendre votre vie en main si vous ne comprenez ni les formes que prend votre blessure ni l'origine de cette douleur ?

En revanche, une fois que vous aurez examiné les causes premières de votre douleur/de ce mal-être et que vous percevrez les structures psychologiques de votre souffrance, vous pourrez y remédier.

Voilà pourquoi je demande à tous mes étudiants de faire ce travail de guérison émotionnelle. Ce n'est pas une fin en soi. C'est une étape – mais une étape importante et nécessaire – sur le chemin de l'unité de soi.

Voici un exemple de réponses au questionnaire :

1) *Émotion dominante* : je suis triste et déprimé. Je constate que je me torture constamment.

2) *Blessure(s) initiale(s)* : Papa n'était pas là. Maman était extrêmement critique.

3) *Croyance essentielle* : rien de ce que je fais n'est assez bien. Je suis un raté.

4) *Schéma réactionnel* : fuir, être introverti, m'isoler, me rendre inaccessible, me critiquer, avoir honte.

5) *Comment ce schéma se manifeste dans ma vie* : j'ai épousé une femme qui, comme ma mère, me critiquait beaucoup. Cela a exacerbé ma blessure maternelle. Je n'ai pas réussi à m'imposer face à ma mère ou à ma femme. Je me suis enfui. Aujourd'hui je suis divorcé.

6) *Ma blessure se transmet-elle ?* j'adore mes enfants mais je vois bien que, comme mon père, je suis souvent absent. Je suis absorbé par mon travail, ce qui ne m'épanouit pas. Je constate aussi que, comme ma mère, je suis devenu un parent critique. J'attends beaucoup de mes enfants. J'ai du mal à les aimer sans conditions.

7) *Leçons/stratégies de guérison* : apprendre à m'imposer face à ma mère et essayer de ne plus rechercher son approbation. Apprendre à me materner et à m'aimer sans conditions.

Aimer et accepter mes enfants tels qu'ils sont. Cesser de faire mes preuves et de rechercher l'approbation des femmes dans ma vie. Rechercher des modèles masculins positifs, surtout ceux d'hommes plus âgés qui seront source d'encouragements et incarneront l'énergie paternelle dont j'ai manqué en grandissant. Apprendre à ne plus me mettre de pression et à être bien plus doux avec moi-même. Cesser de travailler autant et d'être aussi sérieux. Voir ma vie de façon plus légère et prendre le temps d'en profiter. Redevenir un enfant. Savoir faire confiance, savoir jouer, être spontané.

8) *Renverser le schéma réactionnel* : cesser de fuir quand j'ai peur.

La recette du bonheur

Merci de prendre votre temps et d'être aussi complet que possible en remplissant votre questionnaire. Si cela vous aide, faites-le avec un ami et/ou un thérapeute et partagez votre histoire.

Vous trouverez peut-être utile de faire cet exercice plusieurs fois au cours de l'année. Chaque fois que vous vous y attellerez, vous comprendrez de nouvelles choses sur vous-même et aurez de nouvelles révélations.

Ne manquez pas de travailler la partie 7 sur les *Leçons/stratégies de guérison* et de la peaufiner. Demandez aux autres leur contribution si vous sentez que c'est utile. Cette partie est une vraie recette du bonheur. Elle vous donne des exercices concrets à faire pendant un ou deux ans.

Chacun de nous arrive dans cette vie avec certaines leçons à apprendre, certaines qualités à développer en vue d'avoir une vie mieux équilibrée.

Les schémas comportementaux réactionnels résultant de notre blessure initiale et de la croyance essentielle que nous avons sur nous-mêmes, nous poussent souvent à être trop introvertis ou trop extravertis. Il nous faut équilibrer les choses.

Les introvertis ont besoin de s'ouvrir aux autres, d'interagir avec eux et d'avoir un retour sur les réactions qu'ils suscitent. Les extravertis doivent prendre le temps de se connecter à eux-mêmes, d'entrer en contact avec leurs émotions et de comprendre ce qui est vraiment important pour eux.

Il est l'heure, à ce moment de votre vie, d'amener, en toute conscience, un certain équilibre à votre expérience d'être humain, de cesser d'agir en réaction et de commencer à créer une vie totalement conforme à vos désirs. Nous ne faisons pas un travail de guérison émotionnelle pour être déprimés et piégés par notre histoire. Nous le faisons pour voir nos schémas réactionnels afin de les transcender et d'exercer pleinement notre liberté de choisir le genre de vie qui nous convient.

Lors de votre travail sur *les leçons/les stratégies de guérison*, vous trouverez peut-être utile de décrire la situation dans laquelle vous aimeriez vous trouver dans un, cinq ou dix ans. Une fois que vous saurez ce qui a besoin d'être équilibré dans votre vie, il vous sera plus aisé d'avoir une vision de ce que vous entendez par l'unité de soi.

La partie suivante présente, de façon simple, les étapes du processus de guérison émotionnelle. Revoyez bien, s'il vous plaît, cette partie pour déterminer le stade auquel vous vous trouvez dans votre voyage de guérison et pour comprendre les mesures qu'il vous reste à prendre.

Guérir la blessure : itinéraire à suivre

Comment procède-t-on exactement pour guérir nos blessures ? Quelles sont les étapes du processus ? Voici un itinéraire simple :

1) ***Acceptez la blessure.*** Elle vous est arrivée et fait partie de votre vie. Vous n'allez pas la faire partir.

2) ***Enlevez toute honte.*** Quelle qu'ait été la situation, vous devez arriver à comprendre que ce n'était pas de votre faute. Vous étiez innocent. Arrêtez de vous critiquer. Il n'y a rien de mal ou de mauvais en vous.

3) ***Admettez votre douleur et partagez-la avec d'autres personnes.*** Cessez de fuir la douleur ou d'essayer de la cacher. Commencez une thérapie. Faites-vous aider pour surmonter vos dépendances et affronter la douleur sans détour. Partagez votre douleur avec d'autres personnes. Vous n'êtes pas le seul à souffrir de la sorte. Trouvez une communauté de guérison où vous pourrez donner et recevoir le soutien et les encouragements nécessaires pour guérir et recouvrer votre intégrité.

4) ***Affrontez votre bourreau et pardonnez-lui.*** S'il y a des mots que vous avez besoin de dire et si cela vous est possible, dites-les. Si l'occasion ne se présente pas de regarder votre bourreau droit dans les yeux, écrivez-lui une lettre ou enregistrez-vous. Exprimez toute votre colère et

toute votre souffrance. Ne vous cramponnez plus à votre douleur. Elle ne vous appartient pas. Hurlez, frappez, tapez dans un coussin, évacuez-la. Quand vous aurez fini, brûlez cette lettre ou cet enregistrement. Pardonnez à votre bourreau. Renouvelez votre pardon chaque fois que l'occasion se présentera. Cette douleur se présente comme un millefeuille et vous devrez apporter votre pardon à chaque couche.

5) ***Cessez d'être victime.*** Lâchez votre histoire. Cessez la honte et les reproches tous azimuts. Passez à autre chose. Tournez la page. Commencez à vous créer une nouvelle vie.

6) ***Créez un système de soutien***, une famille spirituelle qui comprend d'où vous venez et où vous voulez aller. Faites-vous de nouveaux amis. Trouvez des mentors et des modèles positifs à imiter.

7) ***Accueillez vos dons*** et commencez à les offrir. S'ils ont besoin d'être peaufinés, suivez un cours ou deux. Devenez l'apprenti d'un maître. Développez vos compétences et vos talents afin de pouvoir les offrir librement et en toute confiance. Tout le monde à quelque chose à offrir. Concentrez-vous sur ce qui vous procure de la joie et qui vous vient naturellement, sans grand effort. Prenez quelques risques créatifs. Réalisez tout votre potentiel. Découvrez votre mission de vie. C'est ce pourquoi vous êtes là.

8) ***Aidez les autres à guérir.*** Donnez à ceux qui, comme vous l'étiez vous-même auparavant, sont effrayés et blessés. Accompagnez-les lors de ce processus et soyez un modèle

pour eux. Offrez aux gens l'espoir que la guérison et le bonheur sont possibles.

9) ***Donnez aux autres le courage de prendre leurs propres décisions*** et de devenir responsables de leur vie. Ne soyez pas responsable des autres et n'essayez pas de les porter leur vie durant. Apprenez-leur à être responsables d'eux-mêmes et à progresser, comme vous l'avez fait vous-même.

En règle générale, nos blessures guérissent au fur et à mesure que nous apprenons à nous accepter et à nous aimer inconditionnellement. Toutes les étapes ci-dessus concourent à cet objectif. Lorsque l'amour afflue vers les parties qui sont blessées en nous, nous commençons à guérir et nous nous sentons plus forts, plus complets. Le pardon de soi et des autres s'en trouve facilité et gagne en profondeur. Nous cessons les critiques et la honte tous azimuts et apprenons à traiter les autres et nous-mêmes avec plus de douceur.

Notre voyage de guérison n'est pas linéaire : les choses avancent et reculent, montent et descendent et ne sont pas toujours belles à voir. Pourtant lorsque nous traversons le sombre tunnel de notre souffrance et entrons dans la lumière de la compassion et de l'acceptation, nous voyons à quel point le processus de guérison est extraordinaire, empreint de beauté et d'élégance. Il est, qui plus est, d'une authenticité totale, voire ingénieuse.

Notre histoire est unique et les autres sauront reconnaître son pouvoir authentique. Certains entendront notre histoire et trouveront qu'elle les touche profondément. Ils franchiront la porte de la guérison parce que nous avons eu le courage de partager notre histoire avec eux.

J'ai dit à maintes reprises que lorsque nous guérissons nous ne le faisons pas seuls.

Votre guérison est un phare éclairant la nuit noire et tourmentée de l'âme. Nombre de vaisseaux arriveront à bon port parce que vous étiez là pour éclairer le chemin.

C'est en cela que le processus est majestueux. Voilà pourquoi il est important que vous soyez plein d'espoir et de courage en faisant ce voyage de guérison. Si vous êtes là, c'est qu'il y a une raison.

On a besoin de vos dons. Votre vie n'appartient pas qu'à vous, elle nous appartient à tous.

Prendre le temps de guérir

Avant d'entamer notre voyage de guérison, notre croyance essentielle est : « Je ne suis pas digne d'amour. » Quand nous l'achevons nous savons sans l'ombre d'un doute que : « Je suis digne. Tu es digne. Tout être est digne d'amour. »

Pourtant nous savons aussi qu'il n'est pas en votre pouvoir de faire guérir qui que ce soit. Chacun doit être prêt à se pardonner et à pardonner aux autres.

La guérison est en général un processus progressif de transformation de soi. Une fois le processus amorcé, il n'y a pas moyen de se précipiter vers la ligne d'arrivée. Cela prendra le temps que cela prendra.

De nombreux chefs de file du Nouvel Âge oublient cet élément. Ils veulent que les gens changent de croyances d'un claquement de doigts ou bien qu'ils « se dépêchent de pardonner » afin de pouvoir clôturer le processus vite fait, bien fait.

Mais ni la vie ni les gens ne sont comme cela. Le pardon réclame du temps et aussi de la bonne volonté. Parfois, vous désirez pardonner mais vous n'êtes pas prêt parce qu'une partie de vous plus enfouie, moins verbalisée continue à se cramponner à ses griefs.

Si vous faites pression sur vous pour pardonner, vous ne ferez que vous ligoter davantage. Vous obtiendrez une sorte de pardon politiquement correct qui n'émane pas vraiment de ce qui cause votre souffrance. Vous direz : « Je sais que je dois pardonner pour passer ce test, alors vous voyez, c'est fait : j'ai pardonné. »

Le problème c'est que cela ne sera pas authentique. Ce ne sera qu'un pansement pour masquer la blessure. Vous n'avez pas besoin d'un pardon frelaté. Mieux vaut vous en tenir à la vérité et dire : « Je ne suis pas encore prêt à pardonner », plutôt que de vous mentir et de mentir aux autres.

Si vous mentez, vous paierez le prix fort. Le masque du déni se déchirera précisément au moment où vous compterez le plus sur lui et vous serez traité de charlatan et d'imposteur.

Pourquoi emprunter cette voie ? Pourquoi tenter le destin ? Contentez-vous de dire la vérité, maintenant. Dites : « Je désire vraiment pardonner mais cette colère et ce ressentiment ne cessent de m'agiter ; alors, je ne dois pas être prêt. »

Ça, c'est authentique, ça c'est réel.

Si vous progressez dans ce voyage en toute honnêteté, vous trouverez le meilleur itinéraire vers la guérison et en plus le plus court. À certains moments vous n'aurez peut-être pas cette impression. Vous aurez plutôt le sentiment de faire un pas en avant et deux pas en arrière. Mais faites-moi confiance, si vous ne reculiez pas un peu en faisant fausse route, vous finiriez dans une impasse sans savoir le moins du monde comment retrouver votre chemin. Quelquefois, vous accorder cinq minutes de plus pour vous vous épargne des heures et des heures de travail harassant.

Quand nous nous engageons sérieusement à faire ce voyage, nous apprenons à lui faire confiance même quand il a tout pour nous énerver, même quand notre ego se met à gémir et à se plaindre.

C'est ainsi que nous savons quc nous sommes vraiment sur le bon chemin. Nous savons que nous n'allons pas fuir quand le temps tournera à l'orage et qu'il n'est plus question de trouver des échappatoires.

Ma croyance essentielle « Je ne suis pas digne d'amour » est remise en question chaque fois que je manifeste mon amour pour moi-même et que j'accepte de rester alors que je veux prendre mes jambes à mon cou. Elle est remise en question chaque fois que je vous dis : « Je désire vraiment ton amour mais j'ai peur parce qu'aimer et perdre semblent toujours aller de pair dans ma vie. »

La croyance essentielle selon laquelle je suis indigne est remise en question quand j'affronte mes peurs ou vois d'autres le faire. Elle est ébranlée quand je vois que je peux prendre les choses de façon plus légère vis-à-vis de moi-même et considérer avec compassion mes propres jugements et mes propres erreurs.

Réussir à croire en sa dignité alors qu'on se croyait indigne est un élément énorme de reprogrammation. De nouvelles connexions doivent relier l'esprit, le corps et les émotions. Les synapses doivent apprendre à se faire différemment.

Bien sûr, vous pouvez affirmer et répéter tous les jours : « Aujourd'hui je m'aime et je m'accepte sans conditions. » C'est merveilleux de le faire. Mais cela n'aura pas beaucoup d'impact si vous ne vous aimez pas vraiment pendant la journée. Ce ne sera qu'une série de mots creux.

Il ne s'agit pas ici d'une forme quelconque, simpliste et unidimensionnelle de guérison. Il s'agit de refaire à neuf toutes les connexions du corps mental/émotionnel.

Il est parfois nécessaire de débrancher le système quelque temps ou de le mettre en veille. Vous ne pouvez pas vous attendre à ce qu'il fonctionne à 100 % s'il faut procéder à des réparations majeures.

Voilà pourquoi nous sommes souvent malades ou mêlés à un accident quand vient le temps de guérir. Nous avons besoin de prendre ce temps pour nous guérir, mais nous refusons de nous l'accorder. Alors l'univers nous donne un petit coup de pouce. Il nous permet de nous éloigner de notre travail pendant quelques jours, quelques mois, voire quelques années.

La guérison réclame du temps et de l'espace. Il est vraiment important que nous nous octroyons ce temps. Pour certains, le cadeau se présentera peut-être sous la forme d'une retraite en vue de guérir leur enfant intérieur. Pour d'autres, ce sera un voyage en canoë en pleine nature. De temps à autre nous avons tous besoin de nous libérer, de nous détacher de notre mode de vie habituel pour être de nouveau en harmonie avec l'être que nous sommes vraiment.

CHAPITRE TROIS

Votre présence est nécessaire

Pour être heureux vous devez être prêt à être totalement présent à votre vie. Vous ne pouvez ni vous fuir
ni fuir les autres.
Vous ne pouvez pas ramper et disparaître dans une grotte ni croire que les autres contrôlent votre vie.
Ils ne le font pas.

Une topographie du bonheur

À présent vous avez une assez bonne idée du relief de ce parcours. Vous savez qu'il y a des hauts et des bas, des sommets et des vallées, qu'il y aura de bons jours, mais également de mauvais jours.

Ce scénario de guérison n'est pas « du gâteau ». À ma connaissance, la plupart des « gâteaux » de ce genre ne se mangent pas sur le plan terrestre.

Notre but n'est pas de courir après des promesses creuses. Nous sommes à la recherche d'une méthode d'épanouissement personnel concrète et ancrée dans le réel.

Ce que nous voulons, c'est que vous ayez tous les moyens d'être vous-même et non pas que vous essayiez de ressembler à quelqu'un d'autre. Nous ne voulons pas que vous aspiriez au genre de bonheur qu'on nous montre dans les magazines et les feuilletons à l'eau de rose parce que ce bonheur-là est frelaté. Au mieux, il est superficiel.

Parler de bonheur authentique, c'est dire que vous avez suffisamment confiance en vous pour être vous-même ici-bas, que vous avez guéri de certaines blessures et découvert certains de vos dons. Cela signifie que vous avez quelque chose à offrir au monde.

Se fixer des buts réalistes

Cultiver la joie exige que nous soyons en contact avec nos vrais désirs. Nous ne pouvons nous satisfaire de ce que les autres veulent pour nous. Nous devons découvrir ce que nous, nous voulons vraiment, ce pour quoi nous sommes prêts à nous exprimer. Certains savent tout cela mais beaucoup l'ignorent. Et même ceux qui croient savoir ce qu'ils veulent peuvent avoir quand même du mal à s'engager à atteindre leurs buts.

La meilleure façon de développer notre mission de vie est de commencer à tenir tous nos engagements. Si nous prenons la décision d'aller à la fac, nous devons assister à tous les cours et faire le travail demandé. Si nous prenons un nouvel emploi astreignant, mieux vaut être à l'heure. Sinon, nous saboterons nos chances d'avancement et de succès.

Si vous avez du mal à vous investir, cela signifie probablement que vous avez un but irréaliste ou chimérique et/ou que vous manquez de discipline.

Essayez de déterminer clairement la nature de votre difficulté.

Si vous vous êtes fixé un but factice, il est temps de devenir vrai avec vous-même. Si vous cherchez à faire plaisir aux autres, comprenez bien que cela ne marche pas. Intériorisez-vous davantage pour être à l'écoute de ce qui est important pour vous.

Si vous ne savez pas ce que vous voulez, prenez le temps de le découvrir. Essayez plusieurs choses. Reprenez des études. Devenez bénévole. Explorez les différentes possibilités qui se présentent à vous.

Il arrive souvent que nous nous fixions des buts irréalistes et bien trop élevés. Nous voulons sauter toutes les petites étapes et nous propulser directement sur la ligne d'arrivée. Nous voulons courir avant d'avoir appris à marcher. Le résultat est généralement catastrophique.

En vous fixant des buts irréalistes, vous dressez un piège destiné à vous faire échouer. Le message que vous vous envoyez sera « je n'y arrive pas » ou alors « je rate tout ce que je fais ». Ne vous faites pas cela. C'est quelque chose de très important. Ne vous apprenez pas à échouer.

Fixez-vous des buts modestes, des buts que vous vous sentez capable de réaliser. Une fois ceux-ci atteints, choisissez-en progressivement de plus ambitieux.

Supposons, par exemple, que vous vouliez devenir médecin. Commencez par prendre quelques cours de maths et de physique pour voir si le travail vous intéresse et voir si vous êtes naturellement doué. Si c'est le cas, passez à l'étape suivante et trouvez-vous une bonne école de médecine.

Ne commencez pas par trouver l'université et vous y inscrire. Vous pourriez bien découvrir lors de votre premier cours que vous détestez ces études et que vous voulez abandonner. Cette stratégie vous ferait perdre du temps et de l'argent et continuerait à vous conditionner à l'échec.

La première règle à suivre pour ceux qui se fixent des buts irréalistes et placent la barre trop haut est *de ne pas mettre la charrue avant les bœufs*. Faites les choses dans l'ordre.

Vous pensez peut-être que je plaisante, mais ce n'est pas du tout le cas. Je connais des décharges remplies de charrues flambant neuves.

Se discipliner

Il se peut aussi que vous ayez de vrais buts, des buts réalistes, mais que vous ayez du mal à être totalement présent. Dans ce cas, il est nécessaire que vous appreniez à prendre au sérieux vos engagements et à vous y tenir. Alors, s'il vous plaît, attendez encore un peu avant de vous inscrire en médecine. Apprenez les petites tâches : couper du bois et porter les seaux d'eau.

Prenez n'importe quel travail qui semble à votre portée et arrivez chaque jour cinq minutes en avance. Refusez de vous y ennuyer. Rendez-vous utile. S'il n'y a pas de clients, faites la poussière et nettoyez les vitres. Mettez-y tout votre cœur. Soyez fier de vous.

Il y a de grandes chances que cela ne passe pas inaperçu.

J'ai rencontré récemment le directeur régional d'une grande chaîne hôtelière. Cela faisait trente-cinq ans qu'il était dans ce métier. Il avait commencé par être plongeur, puis était devenu réceptionniste et s'était progressivement hissé au sommet de la hiérarchie jusqu'à être nommé pdg. Ses yeux brillaient de plaisir quand il parlait de sa carrière. Il était fier de ce qu'il avait accompli et il y avait de quoi. Je dois quand même vous dire que je connais bon nombre de jeunes qui sont « trop fiers » pour être plongeurs. Ils veulent commencer par être pdg. Ils veulent sauter les étapes.

Voilà un orgueil mal placé qui ne rapporte rien à personne et ne fait qu'encourager la paresse et le manque de motivation. Il nous empêche tout bonnement de faire le premier pas – de loin le plus important – vers ce qui nous fera reprendre notre vie en main. Alors montrez-moi quelqu'un qui est impatient de nettoyer les toilettes et s'enorgueillit de les rendre nickel, et je saurai que c'est le futur président de Microsoft ou de General Motors. D'accord, cela prendra peut-être vingt ou trente ans. Et alors ?

La vie est un voyage, pas une fin en soi.

Alors ne vous sabordez pas. Ne sabotez pas vos chances en jouant les bras cassés uniquement parce que vous n'aimez pas le travail que l'on vous propose. Bougez-les ces bras, musclez-les, jusqu'à ce qu'ils puissent porter tout votre poids. Apprenez à vous motiver. Si vous n'entraînez pas votre motivation et votre désir vous investir, ces facultés ne vont pas tarder à vous abandonner, surtout si vous passez le plus clair de votre temps à fumer des joints, à regarder la télévision ou à surfer sur Internet.

Ne faites pas partie de cette génération perdue qui n'entame même pas le voyage. Ne renoncez pas avant d'apprendre à faire le premier pas vers ce qui vous permettra d'être en pleine possession de vos moyens. Ne dites pas « je ne sais pas frapper la balle » alors que vous ne vous êtes jamais présenté sur un terrain. Si vous vous faites des illusions, vous êtes bien le seul à être dupe.

Ne me dites pas ce que vous ne pouvez pas faire ni pourquoi. Cela, ce n'est que votre histoire. Or elle vous empêche de déployer vos capacités. Elle vous coince dans votre statut de victime.

Ne me dites pas ce que vous ne pouvez pas faire. Dites-moi plutôt ce qu'il vous est possible de faire. C'est là que nous devons commencer.

Ce que vous ne pouvez pas faire indique la fin du match. C'est le signe que vous avez renoncé. Vous admettez que vous ne désirez pas vous investir.

Vous savez quoi ? Si c'est vrai, autant raccrocher tout de suite parce que « ta vie est foutue, Boudu, il ne va rien s'y passer du tout ! ».

Vous êtes fichu. Peu importe que vous ne sachiez toujours pas faire le premier pas. Le match est fini.

Suicide ou renaissance

Vous devez être honnête avec vous-même et répondre à la question : « Ai-je envie – ou non – d'être présent à ma vie ? »

Je suis désolé de vous le dire, mais être présent n'implique pas que vous accrochiez sur votre mur la pancarte « propriétaire charrue cherche bœufs pour la tirer ».

Cela fait très longtemps, cela fait vingt, trente, quarante ans, voire davantage que vous êtes là à attendre en vain que ces bœufs apparaissent. Avec un peu de jugeote, vous allez réaliser qu'ils ne viendront pas.

Quand vous le comprendrez enfin, qu'allez-vous faire ? Allez-vous pleurer sur votre sort et remballer, ou bien allez-vous assumer vos responsabilités et vous mettre à pousser cette charrue ?

Vous êtes au tournant le plus crucial de votre vie. C'est à cet instant précis que vous choisirez de réussir ou que vous accepterez ce que vous prenez pour un échec. Quelle que soit votre décision, le salut ne viendra pas de l'extérieur. Il ne peut venir que de l'intérieur. C'est vous qui devez être votre sauveur. Votre vie relève de votre responsabilité.

Si vous voulez que la charrue avance, vous devez la pousser.

Vous aimeriez bien que ce soient vos parents, vos amis, votre conjoint(e) ou l'assistante sociale qui la poussent, mais franchement ils seraient loin de vous rendre service. Ceux qui vous aident ou vous encouragent à refuser d'assumer vos responsabilités ne font que vous empêcher de grandir.

Autant les décharger de cette responsabilité. C'est à vous qu'appartient le choix d'être présent – ou pas – à votre propre vie.

Vous pensez peut-être que ce choix décidera de votre vie ou de votre mort. Mais pas du tout ! Cela, c'est juste le côté théâtral que vous y mettez. Le vrai choix consiste simplement à savoir si vous acceptez de vous avancer vers le marbre et de manier la batte ou si vous refusez de le faire.

Vous êtes du genre à dire : « Je ne peux pas y aller parce que je vais me faire éliminer. »

Je sais bien que c'est ce que vous croyez. Or, cette croyance ne vous aide en rien parce que vous risquez de tout faire pour confirmer votre propre prophétie. Cependant, la question n'est même pas là. La question n'est pas de savoir si vous allez vous faire éliminer. La question est de savoir si vous êtes prêt à vous lever et à y aller quand c'est à votre tour de jouer.

Vous comprenez, tous les autres participent au jeu, ce qui fait qu'on ne peut envoyer personne d'autre à votre place. Votre responsabilité consiste à participer et à faire de votre mieux.

Si c'est possible, ne dites pas dans votre tête « je vais me faire éliminer », pensez plutôt quelque chose comme « je vais fixer la balle ».

Si vous n'y arrivez pas et que vous sentez beaucoup de peur monter en vous, essayez seulement de respirer. Éloignez-vous du carré du batteur quand vous en ressentez la nécessité, puis retournez-y. Prenez tout votre temps. Et faites simplement de votre mieux.

Comprenez que c'est là tout ce que l'on demande de vous. Peu importe que vous soyez éliminé ou que vous marquiez des points, peu importe vraiment.

Ce qui compte, c'est juste que vous ayez envie d'être présent. Voilà la discipline nécessaire. Sans quoi il n'y aurait pas de match. Il n'y aurait même pas de joueurs ou de fans. Le stade serait vide.

Comprendre votre mise en scène

Je sais que le monde dans lequel nous vivons est un monde effrayant. Il semble même parfois que rien ne puisse le racheter. On y voit tant de folie, tant de féroce cruauté.

Mais le monde a toujours été comme ça. Chaque génération a eu affaire à la folie. Chaque génération d'êtres humains se demande quelle contribution elle peut bien apporter à un monde si brisé, si porté à la destruction.

Or, chaque génération trouve le moyen de s'engager sur la surface de jeu. S'il n'en était pas ainsi, si les gens ne faisaient pas l'effort de relever les défis auxquels ils sont confrontés, alors il est probable que le monde s'autodétruirait.

Se déconnecter du monde n'est pas un vrai choix. Le faire ne vous fera pas aller mieux. Cela renforcera simplement votre désespoir et votre sentiment d'impuissance.

Mais cessez de regarder à l'extérieur juste un instant. Cessez de vous préoccuper du monde. Regardez à l'intérieur de vous, de votre propre esprit et de votre cœur. Sentez votre propre douleur et voyez le potentiel que vous avez de guérir et de devenir plus fort. Voyez les dons qui sont là à dormir en vous.

Êtes-vous prêt à jeter l'éponge quand il s'agit de vous ? N'êtes-vous venu sur cette planète que pour laisser vos talents se flétrir et dépérir ?

Si vous vous soûlez ou prenez des médicaments, n'oubliez pas que la cause de la dépendance n'est pas la substance dont vous abusez, mais la douleur que vous cherchez à éviter. Soyez attentif à cette douleur, c'est votre sonnette d'alarme.

Prenez donc conscience de votre potentiel d'être humain. Cessez d'agir comme une victime. Honnêtement, je peux vous dire que je n'ai jamais rencontré de victimes heureuses.

Laissez tomber votre histoire. Arrêtez de dramatiser. Ceci n'est pas une opérette et encore moins une répétition générale. Vous n'aurez peut-être pas d'autre occasion de jouer le rôle que vous souhaitiez tenir.

Ne ratez pas cette occasion. Commencez à vous prendre, vous et votre vie, au sérieux.

Cultiver le sens de l'humour

Mais en même temps, n'oubliez pas de cultiver le sens de l'humour. La vie est aussi drôle qu'elle est tragique. Bon nombre des décisions que prennent les humains sont stupides, pour ne pas dire carrément absurdes. La loi de l'emmerdement maximum semble dominer dans les affaires humaines. Il n'est pas rare qu'on ait besoin de quatorze personnes pour installer une ampoule de 60 watts. Parfois il faut juste en rire. Il n'y a rien d'autre à faire.

Donc, bien sûr, prenez-vous au sérieux. Sachez que ce que vous faites est important. Grâce à vous, tout peut changer. Mais en même temps, quand les choses vont de travers, quand l'univers vous bouscule, apprenez à ne pas en faire tout un plat.

Personne n'a ce qu'il veut, quand il le veut et selon ses désirs. Or, un certain nombre de gens doivent apprendre cette leçon avant que leur vie entière ne se transforme en purée. Ce sont ceux-là qui, de temps en temps, se prennent un coup de crème fraîche dans la tête.

Si vous prenez cela avec du recul, c'est plutôt drôle. Parfois, même quand c'est vous qui êtes touché, vous arrivez à voir l'humour de la situation.

Une vie heureuse est une vie où s'équilibrent humour et sérieux. Nous savons nous prendre au sérieux, mais pas trop. Nous savons rire de nous-mêmes et de toutes les situations bizarres ou désespérées dans lesquelles nous nous trouvons.

Une vie dépourvue du sens de l'humour n'a aucun goût, aucune saveur. Si vous ne riez pas, comment pouvez-vous exprimer la joie, la légèreté, l'exubérance ? À certains moments, nous avons tous besoin de prendre les choses avec légèreté. Mais à d'autres, il est nécessaire de se retrousser les manches et de relever les défis qui se présentent à nous.

Nous ne sommes pas des êtres unidimensionnels limités. Nous pouvons apprendre à vivre et à exprimer toutes les facettes de notre personnalité. Ceci fait partie de l'école de la vie.

Cultiver une attitude positive

C'est ce que je vous demande de faire quand je dis : « Ne me dites pas ce que vous ne pouvez pas faire. Dites-moi ce qu'il vous est *possible de faire*. »

Dire « Oui » en conscience est la façon la plus puissante d'épouser la vie. Quand tout le monde dit « Oui », on peut déplacer des montagnes et faire des miracles. J'ai vu cela à maintes reprises.

Pourtant les gens mettent souvent des obstacles à tout ce qu'ils entreprennent. Ils sont dans l'ego, deviennent critiques et trouvent des centaines, voire des milliers de raisons de ne pas pouvoir dire « Oui ». Ce faisant, non seulement ils privent les autres de miracles, mais se privent eux-mêmes d'expériences miraculeuses.

Il est évident qu'il faut parfois dire « Non ». On dit « Non », par exemple, à toute forme d'abus. On dit « Non » quand on nous demande soit de nous manquer de respect ou de nous trahir soit de le faire aux autres.

Il y a des moments pour dire « Non ». Mais ils sont rares et espacés à moins que l'on soit enfermé dans un cycle actif de violence.

La plupart des gens disent « Non » bien plus souvent que nécessaire. Ils ne profitent pas de certaines occasions. Ils se limitent. Ils essaient de contrôler les autres. Tout ceci aboutit à beaucoup de souffrance.

Voilà pourquoi il est important de cultiver une attitude positive.

Vous devez quand même bien comprendre que cela ne veut pas dire que l'on fait semblant d'être heureux ou que l'on refoule sa souffrance. Il s'agit simplement de voir les occasions bénéfiques qui se trouvent autour de nous.

Chaque jour nous sommes entourés d'occasions de grandir, d'apprendre et d'avancer dans notre vie. L'univers a de nombreux cadeaux à nous faire pour peu que nous ayons l'ouverture nécessaire pour les recevoir. Notre tâche consiste à rester ouverts, à ne pas fermer notre cœur, à ne pas fermer les yeux.

Rien ne nous oblige à faire qu'aujourd'hui ressemble à hier. Nous n'avons pas à répéter les mêmes choix. Essayons de voir ce qui entre dans notre vie d'un œil neuf ou du moins cessons de voir notre vie en noir.

Les lunettes noires ne sont utiles que lorsque le soleil est trop fort. La plupart du temps nous n'avons pas besoin d'en porter. Pourtant nous avons du mal à les enlever.

Nous avons pris l'habitude de regarder la vie sous un angle négatif. Nous devons prendre conscience de cela. Notre vision des choses n'est ni claire ni juste.

Si vous ne me croyez pas, faites cette expérience : pendant toute une journée, faites la liste de toutes les fois où vous dites : « Oui, je peux » ou « Non, je ne peux pas ». Prenez une feuille de papier que vous diviserez en deux colonnes égales : à gauche, notez les choses positives, optimistes que vous pensez ou dites. À droite, inscrivez les pensées ou les mots critiques, négatifs.

Chaque fois que vous exprimez de la joie ou de la gratitude, remplissez la colonne de gauche.

Chaque fois que vous critiquez ou que vous vous plaignez, remplissez la colonne de droite.

Soyez honnête, s'il vous plaît, et ne trichez ni dans un sens ni dans l'autre. À la fin de la journée, remarquez quelle est la colonne la plus longue. Cela vous permettra de savoir dans quelle mesure votre attitude est positive ou négative.

Le but de cet exercice n'est pas de vous encourager à voir la vie en rose. On ne vous demande pas de ne voir que le bon côté des choses et d'en ignorer le côté sombre. Ce serait pousser la pratique à l'autre extrême.

Le but est de voir la vie de façon plus équilibrée. Vous pourrez alors être présent à la fois à la joie et à la tristesse. Vous pourrez relever les défis de la vie et apprécier les cadeaux qui viennent à vous.

La vie a ce dualisme inhérent. Les deux côtés de la médaille vont se présenter. Je n'ai jamais vu personne tirer uniquement le côté pile ou le côté face pendant une période donnée. Tout le monde a sa part des deux.

Bien sûr, vous pourriez être l'exception à la règle, mais je ne parierais pas là-dessus !

Le verre est-il à moitié vide ou à moitié plein ?

Certains disent : « Ne voyez pas le verre à moitié vide. Voyez-le à moitié plein. » Eh bien j'ai une nouvelle pour eux : à moitié vide, c'est à moitié plein !

La médaille a deux côtés et vous n'arriverez pas en faire disparaître un. Vous n'allez pas vous débarrasser des mauvais moments de l'existence, pas plus que vous ne vous débarrasserez des bons. Tous les êtres que je connais passent la moitié de leur vie dans les tranchées et l'autre moitié là-haut à guetter.

Nous aimons tous la vue du sommet, mais nous n'allons pas en profiter tout le temps.

Nous n'avons nul besoin de faux espoirs. Nous n'avons nul besoin de faux-semblants. Nous savons déjà que simuler le bonheur ne marche que pendant les cinq premières minutes. Vos amis intimes et votre famille savent bien si vous êtes heureux ou non.

Comme personne ne sera dupe, ne vous fatiguez pas à nous faire croire que tout va bien dans votre vie. En revanche, n'allez pas nous faire croire que tout va mal non plus.

La vie est assez difficile sans que vous en rajoutiez une couche. N'oubliez pas, quelqu'un va devoir déblayer ce machin et ce pourrait bien être vous. Alors, allez-y doucement.

Prenez simplement la vie comme elle vient. Ne l'interprétez pas. Ne la parez pas de beaux atours. Elle n'est ni bonne ni mauvaise. Elle est, c'est tout.

Alors fichez-lui la paix et essayez d'accompagner la danse. Si l'on vous donne des citrons, faites de la citronnade, et si l'on vous donne des tomates, faites une pizza.

Lao Tseu, le grand mystique taôiste, nous a donné de très bons conseils. Il nous a dit de nous souvenir du sommet quand nous sommes dans les tranchées et des tranchées quand nous sommes là-haut à guetter.

La vie change constamment, tout comme nous. Nous rencontrons tous tout un tas de hauts et de bas. Nous avons donc intérêt à ne rien prendre pour acquis.

Quand vous êtes triste, vivez votre tristesse. Ne vous forcez pas à faire l'animal de foire et ne faites pas semblant d'être heureux. Mais en même temps, ayez conscience que « cela aussi passera ».

Et quand vous êtes heureux, vivez votre bonheur. Ne vous excusez pas, ne faites pas la tête. Mais en même temps, rappelez-vous qu'il faut savourer la joie tant qu'elle est là parce que personne ne sait si elle sera là demain

Ne vous attachez ni aux hauts ni aux bas. Aucun ne durera. Soyez simplement présent lorsque l'un ou l'autre survient.

N'oubliez pas que vous êtes humain et que les autres le sont aussi. Alors ne vous en demandez pas trop et faites preuve de la même bienveillance, de la même générosité avec les autres. Cela vous aidera davantage à créer le bonheur dans votre vie que des milliards de smileys.

Rester vrai avec soi-même

Certains vous diront « ne vous prenez pas la tête pour des détails », et c'est toujours agréable d'y arriver. Mais nous ne sommes pas toujours capables de lâcher notre peur, notre angoisse et notre réactivité.

Les seuls êtres, à ma connaissance, qui ne « se prennent pas la tête pour ça » sont ceux qui sont calmes au moment précis où ils le disent. Mais redites-leur cette phrase quand la moutarde leur monte au nez et vous avez intérêt à déguerpir en quatrième vitesse.

Dire « soyez heureux, maintenant » est sans doute une idée formidable. Mais que faire si vous n'êtes pas très heureux ? Allez-vous rallumer le bouton du bonheur que vous avez dans le dos ? J'en doute mais je vous encourage à aller voir si ça marche.

La vie est ainsi faite que, parfois, de petits poissons qui s'approchent de nous nous paraissent aussi gros et menaçants que des requins prêts à l'attaque. À ces moments-là on a du mal à dire « c'est chouette, les requins » ou bien « les grandes dents ne m'impressionnent pas ».

Certains sont vraiment doués pour le déni. Cela semble bien marcher pour eux et les aide à maintenir les requins à distance. Mais la plupart des gens n'ont pas ce talent.

Mon but n'est pas que vous soyez désolé de ne pas savoir nier votre réalité émotionnelle, bien au contraire. Je pense qu'il vaut mieux rester au contact de ses émotions.

Il n'empêche que vos émotions peuvent vraiment vous ébranler. Vous pouvez même en voir de toutes les couleurs. Une fois chamboulé par vos émotions et en mode réactif, vous pouvez perdre complètement l'équilibre.

C'est donc une affaire délicate que de rester au contact de ses émotions. L'idée n'est certainement pas de réagir à ses émotions et de se précipiter comme un éléphant en furie dans un magasin de porcelaine.

Les propriétaires de ce genre de magasin n'apprécient que modérément cette intrusion, et c'est compréhensible.

Alors si vous pensez entrer en mode réactif, écartez la porcelaine avant de vous déchaîner ; évitez de mettre un grand coup de pied dans la porte de la salle de bains quand votre petite amie courra s'y réfugier pour vous échapper.

Vous pensez que je plaisante, n'est-ce pas ?

Eh bien non, je ne plaisante pas. Les personnes réactives sur le plan émotionnel sont capables de se blesser et de blesser les autres. Demandez à n'importe quel agent de police chargé d'intervenir lors de violences conjugales.

Être proche de vos émotions signifie que vous reconnaissez que vous êtes en colère, triste ou jaloux. En reconnaissant cette colère, vous en prenez conscience et il est bien moins probable qu'elle vous mène par le bout du nez. Quand vous admettez verbalement, face à vous-même et aux autres, que vous êtes en colère, vous risquez moins d'enfoncer votre poing dans le mur.

Nous ne voulons pas refouler nos émotions ni nous prendre pour des imbéciles en faisant semblant de ne pas ressentir ce que nous éprouvons. Mais loin de nous l'idée de laisser exploser nos émotions.

Ce que nous voulons, c'est les laisser remonter pour pouvoir les regarder.

Nous voulons centrer notre conscience sur notre ressenti et en assumer la responsabilité. C'est de cette façon que nous n'agresserons pas les autres quand nous nous mettrons en colère contre eux.

Ceci contribue largement à nous permettre de créer une vie paisible et heureuse. Il est difficile d'avoir ce genre de vie quand on part toujours en guerre.

En vérité, chacun de nous est responsable de tout ce qu'il ressent, pense, dit et fait. Nous ne pouvons ni rejeter la faute sur les autres ni les rendre responsables de notre expérience.

Cela ne relève pas de leur responsabilité.

Il faut donc que nous commencions à avoir une meilleure idée de ce que sont notre propre conscience et notre propre expérience. Nous devons être attentifs à nos pensées et à nos sentiments et braquer la lumière à l'endroit précis où cela fera une grande différence dans notre vie. Nous devons apprendre à nous regarder en toute honnêteté.

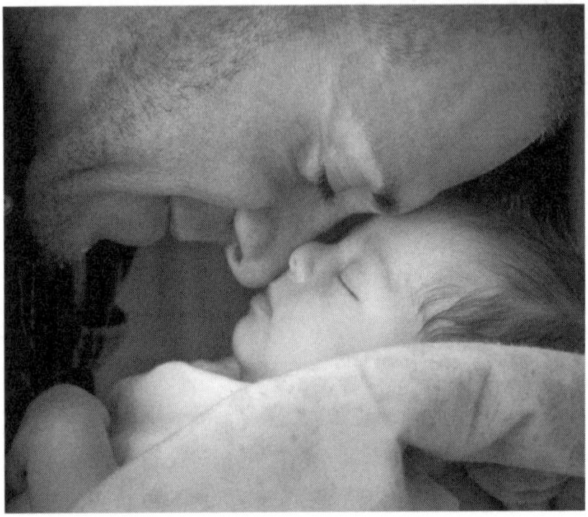

Pour rencontrer notre moi essentiel nous devons recouvrer notre innocence. C'est ainsi que nous trouvons notre don et apprenons à l'offrir.

CHAPITRE QUATRE

Accueillez vos dons avec douceur

Chaque jour nous sommes entourés d'occasions de grandir,
d'apprendre et d'avancer dans notre vie.
L'univers a de nombreux cadeaux à nous faire pour peu que nous
ayons l'ouverture nécessaire pour les recevoir.
Notre tâche consiste à rester ouverts, à ne pas fermer
notre cœur, à ne pas fermer les yeux.

Refuser de se trahir

C'est en souffrant que nous commençons à nous éveiller. Nous prenons conscience de ce que nous ne voulons pas. Nous ne voulons pas recréer les situations pénibles que nous avons créées par le passé.

Nous devons dire « Non » aux vieux schémas de trahison de soi. Il est nécessaire de ne plus nous en remettre aux autres et de commencer à vivre notre propre vie.

Cela signifie que nous cessons d'être guidés de l'extérieur et que nous commençons à l'être de l'intérieur. Nous n'essayons plus de vivre selon les désirs des autres et commençons à nous demander ce que nous, nous voulons.

Il est essentiel de découvrir qui nous sommes et ce que nous désirons si nous voulons renaître en tant qu'êtres authentiques. Nous devons arracher la vieille persona – le masque que nous portions pour apaiser les autres ou leur plaire – afin de nous permettre de voir ce qu'elle cache.

Le masque cache la blessure qui cache elle-même le moi essentiel.

Au cours du processus où nous reconnaissons la blessure et commençons à en guérir, une partie de plus en plus grande de notre moi essentiel, vrai, central, se met à nous être révélée.

Très peu d'entre nous connaissent cette essence, parce que très peu d'entre nous guérissent de leurs blessures et peuvent ainsi créer la voie vers la vraie connaissance de soi.

S'ouvrir au moi essentiel et au don

Notre moi essentiel n'est pas blessé car il ne peut pas l'être. Il est antérieur à la blessure. Il atteint sa plénitude et se révèle dans toute sa splendeur une fois la blessure guérie.

Votre moi essentiel est cette étincelle de lumière, ce joyau, que vous êtes venus ici nourrir, aviver et faire briller sur le monde.

Votre moi essentiel porte toujours en lui un grand cadeau que vous devez apprendre à offrir aux autres. Au début, vous ne saurez peut-être pas l'identifier. Découvrir ce que vous avez à donner est donc le premier pas que vous avez à faire dans cet épanouissement authentique de votre être.

Une fois que vous savez ce que vous avez à donner, vous devez admettre cette chose ou cette série de choses. Puis les nourrir, les faire croître, les affiner, vous y fier, développer l'assurance que vous savez les partager et commencer à les offrir activement à tous ceux qui se présentent dans votre vie pour les recevoir.

Lorsque vous êtes capable de faire cela, vous entrez de plain-pied dans votre Mission de Vie. Vous savez ce que vous avez à faire sur cette planète et vous vous lancez. Rien ne vous apporte plus de joie, ne vous épanouit davantage.

L'ironie parfaite, bien sûr, c'est que ceux qui peuvent recevoir le mieux le don que vous avez à partager sont ceux qui ont été blessés comme vous-même l'avez été. Ces personnes appartiennent à votre maison de Guérison. C'est en les aidant à guérir que vous pouvez compléter les dernières étapes de votre propre voyage de guérison.

Votre don est une source d'inspiration et d'espoir pour ceux qui ont les mêmes blessures et les mêmes difficultés que vous. Vous devenez un modèle, un guide, qui montre aux autres le chemin de l'éveil et comment ils peuvent accéder à leurs propres dons.

Il y a de nombreux dons

Quand nous pensons au mot « don », nous pensons souvent à quelque talent artistique ou intellectuel, mais il existe une multitude de dons.

En voici quelques-uns :

- ***les dons créatifs*** (amuser les autres, les inspirer par le chant, la danse, la peinture, l'écriture, en jouant d'un instrument de musique ou en faisant du théâtre, etc.) ;
- ***les dons émotionnels*** (prodiguer des soins aux autres, les soutenir, les guérir, être à leur écoute, les encourager, leur permettre de déployer leurs talents) ;
- ***les dons physiques*** (athlétisme, coordination, endurance, force physique, excellente santé) ;
- ***les dons intellectuels*** (pouvoir de discrimination, capacités mémorielles ou analytiques ou logiques, clarté de pensée) ;
- ***les dons spirituels*** (compréhension, compassion, acceptation, amour, paix, joie, unité, etc.).

Vous trouverez ci-dessous quelques-uns des nombreux dons qui sont actuellement offerts dans notre communauté spirituelle :

- le don d'imposition des mains et de guérison énergétique ;
- le don d'abandon total de l'ego ;
- le don du pardon ;
- le don d'acceptation ;
- le don de responsabilité ;
- le don de bienveillance ;
- le don de communication honnête sans aucun jugement ;
- le don de la prière psalmodiée, seul ou en chœur ;
- le don de l'écriture ;
- le don oratoire ;
- le don de faciliter le travail pour les autres ;
- le don du yoga, du taï chi, du Qi Gong, de la Paneurythmie ;
- le don d'expression visuelle : peinture, sculpture, collage, photographie ;
- le don d'écoute ;
- le don d'amour nourricier et de soutien ;
- le don de guidance (en étant enseignant, coach ou mentor) ;
- le don de manifestation ;

- le don de discernement/de discrimination ;
- le don de compassion ;
- le don de coopération/co-création ;
- le don de gratitude ;
- le don de créer un espace/un rituel sacrés ;
- le don de connecter les gens/de créer des réseaux.

Revoyez la liste ci-dessus et entourez les dons que vous possédez. Si vous ne voyez pas votre don dans la liste, ajoutez-le, s'il vous plaît.

Il est clair que mon énumération n'est pas exhaustive. Maintenant posez-vous, s'il vous plaît, les questions suivantes :

1) Est-ce que j'accepte mon don ? Est-ce que je l'accueille de tout cœur ?
2) Ai-je pris le temps de le développer et de l'affiner ?
3) Est-ce que je me fie actuellement à mon don et est-ce que je l'offre aux autres ?

Si vous répondez « Non » à l'une de ces questions, posez-vous, s'il vous plaît, trois autres questions :

1) Quel obstacle extérieur m'empêche d'admettre, d'accepter et d'accueillir ce don ?
2) Quel obstacle intérieur m'empêche de développer le don que j'ai/de l'affiner ?
3) Qu'est-ce qui me retient de partager activement ce don avec les autres ?

> Une fois que vous aurez identifié ce qui bloque en vous l'acceptation, le développement et l'expression de votre don, prenez le temps d'élaborer des stratégies concrètes pour faire disparaître ces blocages. Commencez par des stratégies modestes et avancez à petits pas. Demandez-vous ce que vous pouvez faire demain, la semaine prochaine ou le mois suivant.

Il est rare que nos dons se présentent à nous entièrement déployés et prêts à être partagés. En général, nous devons passer par tout un processus où il est nécessaire de les nourrir, de les développer puis d'apprendre à nous y fier.

Cette démarche est essentielle si vous tenez à trouver le vrai bonheur dans votre vie. Si vous n'utilisez pas vos dons ou les avez oubliés, vous ne récolterez pas la joie et l'épanouissement qui vous reviennent de droit.

L'univers a joué son rôle en vous donnant cette lumière éclatante au plus profond de votre cœur. Votre travail consiste à la trouver et à apprendre à la faire briller.

Souvenez-vous, s'il vous plaît, que votre don n'est pas fait que pour vous, mais pour tout le monde. L'exprimer n'est pas une source de joie seulement pour vous, mais pour les autres aussi. Il sert votre bien-être tout comme il sert le plus grand bien de l'humanité. On peut toujours se servir de dons authentiques pour inspirer les autres et les aider à prendre leur envol.

Vos dons représentent les savoir-faire, les talents, les capacités, les points forts qui vous sont donnés à la naissance dans cette vie. Ils vous viennent naturellement et les exprimer est une source de joie qui ne réclame aucun effort.

Nos dons ne présentent aucune difficulté pour nous. Si nous avons du mal, c'est qu'il ne s'agit pas de nos dons mais des chaînes qui les entourent quand nous écoutons les autres au lieu de nous écouter, nous.

Il est nécessaire d'enlever ces chaînes. Le trésor se trouve dans notre cœur et non dans le monde. Il nous appartient de le trouver et d'œuvrer à sa manifestation dans le monde.

Concentrez-vous sur ce que vous voulez

Il est important que vous sachiez clairement ce que vous ne voulez pas afin de pouvoir dire « Non » aux schémas négatifs du passé. Mais il est tout aussi important de passer à la vitesse supérieure et de vous concentrer sur ce que vous voulez vraiment créer dans votre vie.

Se focaliser sur les schémas comportementaux ou de pensée négatifs renforce ce qui ne marche pas dans notre vie. De même, se focaliser sur les schémas comportementaux ou de pensée positifs renforce ce qui marche.

Tout ce en quoi vous investissez du temps, de l'énergie, de l'attention, des émotions, a tendance à croître. Vous devez donc réfléchir avec sagesse à la nature de vos investissements.

Consacrez votre temps à penser à ce que vous voulez créer et non à ce que vous voulez éviter. Anticipez avec joie les choses que vous aimez. Ne faites pas une fixation sur ce que vous détestez.

Après avoir accueilli votre douleur et regardé vos schémas dysfonctionnels, vous devez embrayer. Vous devez aller de l'avant. Laissez le vieux moi fragmenté derrière vous pour laisser naître le nouveau moi intégré. Comme la chrysalide, vous devez vous défaire de votre vieux corps de chenille et permettre à vos futures ailes multicolores d'apparaître.

Assurément, ce sera peut-être douloureux pour vous de grandir. En fait, c'est toujours pénible. Mais ces douleurs sont comparables à celles de l'enfantement. Elles sont intenses mais de courte durée. Quand le bébé naît, la joie de la naissance fait oublier les douleurs de l'accouchement.

Alors, s'il vous plaît, ne vous attachez pas à votre douleur qui, comme de vieux vêtements devenus trop petits, ne vous va plus. Lâchez la vieille histoire et commencez à en créer une nouvelle.

Ne vous attachez pas à votre blessure. Laissez-la guérir. Ne vous contentez pas d'être une victime. Les victimes ne guérissent pas.

Soyez le Créateur de votre propre vie. Reprenez votre pouvoir et votre vie en main. Exercer votre libre arbitre est à la fois votre droit et votre responsabilité.

Voici un exercice que vous trouverez peut-être utile :

En début de semaine, restez cinq ou dix minutes assis en silence et posez-vous ces questions :

- Quels sont mes buts pour cette semaine ?
- Comment puis-je cultiver/faire grandir/exprimer mon ou mes dons ?
- Qu'est-ce que veux-je créer dans ma vie cette semaine ?
- Que suis-je prêt à faire pour me rapprocher de la réalisation de mes buts ?

Écrivez les réponses à ces questions dans votre journal. Lisez-les chaque jour au lever. Restez centré sur les buts que vous vous êtes fixés et les actions que vous vous êtes engagé à accomplir.

Faites la fête quand vous atteignez l'un de vos buts, peu importe lequel. Félicitez-vous. Payez-vous un bon bain chaud ou un massage. Demandez à un(e) ami(e) de dîner avec vous pour partager votre succès.

Si des obstacles imprévus se présentent, voyez-les comme des défis.

Remarquez les ajustements nécessaires et incluez ceux-ci dans votre plan d'action pour la semaine suivante.

Dans tous les cas, ne vous maltraitez pas. Ne soyez pas dur avec vous-même. Cela ne vous permettrait pas d'avancer.

Chacun rencontre des obstacles dans sa vie. La personne qui sait tenir ses engagements et a un certain savoir-faire n'est découragée ni par les défis ni par les obstacles. Ceux-ci l'amèneront peut-être à changer de cap mais ne l'empêcheront certainement pas d'arriver à destination.

La vie nous apprend, entre autres, à nous endurcir et à être déterminés. Dans la vie, vous n'arriverez pas à accomplir grand-chose en renonçant trop facilement. Nous devons tous apprendre à patienter et à persévérer. Nous devons tous apprendre à ne pas fuir quand les choses deviennent difficiles.

Limiter vos espérances, pour vous-même ou pour les autres, ne sert à rien. Que vous visiez trop haut ou trop bas revient au même. Dans les deux cas vous ratez la cible.

Il y a des gens qui font vraiment trop peu d'efforts et d'autres qui en font beaucoup trop. Aucun de ces deux extrêmes n'est profitable. La chose à faire est de se fixer des buts réalistes et de s'atteler à leur réalisation. Voilà la recette du succès garanti.

Comprendre l'énergie

Pour réussir dans la vie vous devez comprendre comment fonctionne l'énergie. L'énergie créatrice circule entre deux pôles de charge opposée. L'énergie se déplace du pôle positif vers le pôle négatif ou du pôle masculin émissif vers le pôle féminin réceptif.

En d'autres termes, pour que l'énergie se déplace, il faut qu'il y ait un donneur et un receveur, un amoureux et un être aimé.

Quand l'énergie est reçue, elle transforme le pôle négatif en pôle positif. Autrement dit, le receveur devient le donneur, l'aimé devient l'amant. Cette transformation permet à l'énergie de continuer à se déplacer, à circuler entre les deux pôles ou à s'étendre à un autre receveur.

La personne qui reçoit l'énergie devient « chargée », donc capable de donner à son tour de l'énergie. La personne qui donne, elle, est « déchargée » et est à même de recevoir de l'énergie en retour. Ceci a pour conséquence de créer un échange mutuel et constant d'énergie entre ces deux personnes.

C'est pour cela qu'il nous est dit : « Tu recevras en fonction de ce que tu donnes. »

Ceci fonctionne jusqu'au moment où l'un des deux pôles s'arrête. Si le donneur cesse de donner ou si le receveur cesse de recevoir, alors l'énergie ne peut pas circuler. Même si le donneur donne et le receveur reçoit, le courant énergétique ne continuera pas de passer si le receveur ne donne pas à son tour.

Si vous comprenez ce principe, vous comprendrez pourquoi la vie ne vous arrive pas servie sur un plateau d'argent. Si vous voulez recevoir quoi que ce soit, que ce soit de l'argent, de l'amour ou un emploi, vous devez d'abord impulser le système.

Et ce n'est pas tout. Vous devez aussi le faire avec sincérité et confiance. Si vous n'y mettez pas tout votre cœur, la réaction sera mi-figue mi-raisin dans le meilleur des cas.

Des tas de gens attendent que quelqu'un les aime et il y a de grandes chances qu'ils attendent longtemps. Si vous ne donnez pas d'amour comment voulez-vous en recevoir ?

Mais là, la situation devient un peu délicate.

Quand vous ne vous sentez pas aimé, quand vous n'avez pas reçu d'amour de la part des autres, vous risquez de vous sentir incapable d'aimer et indigne de cet amour. Ces sentiments vont assurément vous figer dans une posture d'impuissance, à moins que vous ne fassiez quelque chose pour y remédier.

Peut-être avez-vous tout fait pour chercher l'amour et avez été rabroué ou éconduit. Vous finissez par comprendre que l'amour ne vient pas de l'extérieur. Alors que pouvez-vous faire ? Une chose seulement : si les autres ne vous offrent pas l'énergie, vous devez apprendre à vous l'offrir.

Si les autres ne vous aiment pas, c'est vous qui devez commencer par vous aimer. Ceci amorce une transformation de votre champ énergétique qui passe alors d'une charge négative à une charge positive.

Plus vous vous aimez, plus vous faites preuve de douceur avec vous-même, plus vous vous « chargez ». Petit à petit vous revenez en position de force et commencez à élargir ce champ aux autres. Ceux-ci ressentent votre amour et réciproquent.

Au lieu de vous faire la tête, les gens vous sourient quand vous les regardez. Ils sont heureux de vous parler. Ils s'intéressent à vous. Ils ont une réaction face à l'ouverture énergétique que vous avez vis-à-vis d'eux.

En vous aimant de manière généreuse, vous remplissez votre coupe et la faites déborder. Vous commencez à rayonner. Les autres le remarquent. Ils sentent votre énergie et se mettent à y réagir.

Bien sûr tout ceci ne se produit pas de manière mécanique. Vous ne pouvez pas aimer les autres dans l'espoir qu'ils vous aiment à leur tour. Cette réaction ne contient aucune vraie énergie. Cela s'appelle l'amour *sous* conditions. Cela ne marche pas.

La seule chose qui marche, c'est l'amour *sans* conditions. Quand vous aimez sans conditions, vous vous aimez et vous vous acceptez tel que vous êtes, et vous aimez et acceptez les autres de la même manière inconditionnelle. C'est ça qui commence à générer de l'énergie : l'amour désintéressé. Essayez, si vous ne me croyez pas. Passez toute une journée à aimer sans conditions et voyez ce qu'il se passe.

La pratique, tout est dans la pratique

Bien sûr, il faut en général savoir suffisamment s'appliquer dans ce domaine pour amorcer cette bascule énergétique et passer d'un mode statique, déprimé et en retrait à un mode actif, enjoué et extraverti.

Ne vous attendez donc pas à obtenir des résultats en un jour.

Lorsque vous commencerez à vous apporter de l'amour pour faire effectivement basculer votre énergie, vous réaliserez que c'est bien plus difficile que vous ne le pensiez.

Au début, les pensées acerbes et dénuées d'amour que vous entretenez à votre égard vont faire surface et vous vous rendrez compte à quel point vous êtes négatif vis-à-vis de vous-même.

Il n'y a pas de quoi être surpris. Toute la négativité que nous éprouvons envers les autres prend racine dans le jugement de soi et la critique de soi.

Vous aimer sans conditions signifie que vous devez transformer la relation que vous avez avec vous-même. Vous devez amener toute votre partie sombre à la lumière, apprendre à accepter votre propre expérience et la bénir.

Il ne s'agit pas d'être sauvé ou éclairé de manière instantanée. La haine de soi ne se transformera pas en amour de soi en un jour ni même en une semaine ou en un mois.

Mais si vous commencez cette pratique, si vous vous apportez de l'amour chaque jour, le moment viendra où vous commencerez à ressentir ce changement énergétique. Votre cœur n'absorbera plus toute votre énergie comme si c'était un grand trou noir. Au lieu de cela, vous commencerez à ressentir l'énergie y circuler. Les sentiments que vous vous porterez et que vous aurez pour les autres deviendront plus légers, plus positifs.

Au fur et à mesure que la relation que vous avez à vous-même se transformera, la relation que vous avez aux autres et au monde en général se transformera aussi. Les interactions que vous avez avec les autres se feront sur un mode plus aimant, plus dans l'acceptation, et l'énergie vous sera renvoyée par un grand nombre de personnes que vous rencontrerez.

Le cycle qui consiste à donner aux autres notre amour et notre attention et à en recevoir d'eux est la dynamique la plus importante qui régisse les affaires humaines. C'est ce dont dépend le bien-être des individus et des collectivités.

L'amour est fait pour être donné et reçu. Si vous essayez de vous y accrocher, vous le perdrez. La seule façon de pouvoir le garder dans votre vie est de continuer à le donner et à le recevoir.

Je répète que les gens malheureux ont tendance à mettre la charrue avant les bœufs. Ils tentent de recevoir de l'amour avant d'avoir appris à le donner, ce qui aboutit forcément à de la frustration parce que cela va à l'encontre de la façon dont fonctionne l'énergie.

Quand vous voulez recevoir de l'amour, apprenez d'abord à vous le donner, puis apprenez à le donner aux autres. Ce n'est qu'alors que le cycle de l'amour s'installera et que l'énergie circulera à nouveau vers vous.

L'amour sans conditions, le seul digne de ce nom, reviendra vers vous. Il ne vous sera peut-être pas donné par celui à qui vous l'avez offert mais plutôt par quelqu'un qui arrivera chez vous les bras chargés de cadeaux inattendus.

N'oubliez pas : n'attendez rien de précis pour ne pas interférer avec le flux spontané de l'énergie. Vous ne pouvez ni diriger ni contrôler l'amour que vous donnez. Laissez-le libre de trouver son propre chemin glorieux. Vous ne serez pas déçu.

Confiance, foi et gratitude

Au début de ce voyage nous imaginons pouvoir tout contrôler. Arrivés à mi-parcours, il ne fait plus aucun doute pour nous que nous ne contrôlons rien. Aimer et contrôler sont mutuellement exclusifs. On a soit l'un, soit l'autre.

Il nous est demandé à tous d'apprendre à vivre et à aimer sans tenter de contrôler le résultat. Autant dire qu'il nous est demandé d'avoir confiance.

En premier lieu, c'est en nous-mêmes que nous devons avoir confiance. Nous apprenons à aimer de manière désintéressée et sommes confiants que le résultat sera forcément bon.

Nous sommes confiants que ce qui arrivera sera juste, parce que notre intention est juste. Nous nous fions au don que nous faisons.

Ensuite, nous apprenons à faire confiance aux autres pour recevoir notre amour et en bénéficier de la meilleure manière qui soit pour eux. Nous sommes confiants que notre don sera reçu comme il se doit. Nous n'essayons pas de le contrôler.

Enfin, nous sommes confiants que l'énergie que nous envoyons aux autres nous sera retournée dans son essence. Nous ne savons ni comment ni sous quelle forme, tout en sachant qu'elle se transformera et adoptera alors la forme qu'il nous faut.

Et, en effet, quand elle revient, ce qu'elle ne manque jamais de faire, nous remarquons cet événement et le fêtons. Nous ressentons de la gratitude intérieurement et l'exprimons extérieurement. L'expression de notre gratitude envoie une toute nouvelle vague d'énergie positive à l'univers. Elle rend notre joie visible et donne de l'espoir à tous.

Expérimenter le cycle complet *donner, recevoir, donner en retour* renforce notre foi dans le processus créatif. Cela nous donne l'assurance que nos besoins seront satisfaits, peut-être pas comme nous le pensions, mais néanmoins satisfaits.

Souvent, quand nous regardons rétrospectivement les cadeaux que nous avons reçus, nous comprenons à quel point ils étaient extraordinaires et parfaits. Nous pouvons honnêtement dire : « Je suis content que les choses ne se soient pas produites selon mes désirs, parce que ce qui est arrivé dépassait largement tout ce que j'aurais pu imaginer à l'époque. »

L'univers est d'une inventivité, d'une créativité lumineuse. Nous faisons tous partie de cette énergie créatrice, mais aucun de nous ne peut la contrôler. Ceci est très bénéfique, car si nous le pouvions, nous en limiterions l'expression.

Et c'est tellement mieux de ne pas être limité, de vivre avec gratitude et émerveillement dans un processus créatif infini. Il y a des moments où il n'y a qu'à s'arrêter, médusés. Il y a des moments où notre seule envie est de tomber à genoux et de dire à l'univers, aux puissances supérieures : « Merci… C'était magnifique. Je n'oublierai jamais. »

Plus nous apprenons à faire confiance, plus notre foi dans le processus créatif se renforce. Nous savons que ce processus fonctionne avec ou sans nous. Le choix que nous avons se limite simplement au fait d'essayer de le contrôler ou de ne pas interférer.

Quand nous essayons de le contrôler, nous sommes déçus, parce que la vie refuse de se soumettre aux exigences de notre ego. Mais quand il n'y a pas d'interférence de notre part, notre énergie peut participer à ce mélange créatif et ainsi contribuer à créer ce qui œuvrera à la fois pour notre plus grand bien et pour le plus grand bien des autres.

À un certain moment, nous prenons conscience qu'il ne nous appartient plus de diriger les choses. L'univers n'a plus besoin d'agir selon notre mode d'action.

Dans l'orchestre, nous sommes capables de prendre notre place de simple musicien et d'offrir les dons que nous avons. Il ne nous appartient ni de diriger l'orchestre ni de composer la musique.

Notre tâche se limite à bien utiliser notre instrument afin de pouvoir jouer la partition qui nous est attribuée. Quand nous faisons tous cela, la tâche du chef d'orchestre est simplifiée et la musique peut parler d'elle-même.

Notre moi essentiel est cette étincelle de lumière,
ce joyau, que nous sommes venus ici nourrir,
aviver et faire briller sur le monde.

CHAPITRE CINQ

Donner à son tour

Parler de bonheur authentique, c'est dire que vous avez suffisamment confiance en vous pour être vous-même ici-bas, que vous avez guéri de certaines blessures et découvert certains de vos dons. Cela signifie que vous avez quelque chose à offrir au monde.

Remplir notre coupe

Au tout début, quand nous entamons le processus de guérison, les parties de nous-mêmes en mal d'affection et de confiance réclament beaucoup d'amour et d'attention. Nous concentrons principalement notre guérison sur le fait de nous donner de l'amour et de nous accepter et également sur le fait de recevoir cet amour et cette acceptation de la part des autres.

Cette phase est nécessaire et nous ne pouvons pas en faire l'économie. Il ne s'agit pas d'égoïsme, mais de nous prodiguer des soins nourriciers. Nous devons nous imprégner d'amour afin de guérir et de prendre confiance en nous. Ce n'est qu'alors que nous pourrons accéder à la phase du voyage où nous déploierons nos ailes, apprendrons à ne plus être victimes et commencerons à nous prendre en main.

Avant que notre coupe ne soit pleine, nous n'avons rien à offrir aux autres. Nous sommes trop faibles, trop épuisés, trop en manque.

Nous devons donc d'abord prendre le temps de nous occuper de nous-mêmes et de nous emplir à ras bord. Ceci nous permet de passer d'une phase négative à une phase positive, de vide à plein. À ce moment-là, nous sommes en pleine possession de nos moyens et prêts à servir.

Bien s'occuper des autres

Quand notre coupe déborde, il est temps pour nous de consacrer notre temps et notre attention à ceux qui ont besoin de notre aide. Tout comme certains ont été là pour s'occuper de nous pendant notre phase de guérison, nous pouvons être là pour les autres et nous occuper d'eux.

Opérer cette transition de receveur à donneur ne se fait néanmoins pas toujours bien ou facilement. Nous avons l'habitude de téter un bon sein nourricier. Cela nous fait tellement plaisir d'avoir un toit et trois repas par jour qu'il nous est facile d'en devenir dépendants. Nous trouvons désagréable d'avoir à quitter le sein ou le nid. Nous n'apprécions pas du tout que l'on nous demande de passer à la vitesse supérieure, de changer de rôle, de subvenir à nos besoins et d'apprendre à soutenir les autres.

C'est pourtant la nature même du processus de guérison. Tout comme nous avons reçu, il nous faut à présent donner, faute de quoi notre processus de guérison avorterait.

Ceux qui ont reçu et qui n'ont pas rendu courent inévitablement à leur autodestruction. Ils perdent le courant d'énergie qui existe dans leur vie et retournent à leurs vieux schémas dysfonctionnels. Les anciens drogués replongent.

Les gens qui travaillent avec les Alcooliques anonymes savent que, pour que le sevrage soit durable, il est déterminant de devenir parrain et d'aider les autres. Cela renforce le choix qu'ils ont fait et permet à l'énergie qui circule entre le donneur et le receveur de continuer à affluer dans leur vie. Il n'y a rien de mystérieux à la réussite de ce programme.

Devinez quoi ? Si vous avez appris à vous donner de l'amour dans les affres de la douleur, il y a un certain nombre de personnes que l'univers aimerait bien vous présenter. Soyez ouvert et réceptif, et cela se fera. Quelqu'un va frapper à votre porte et il ressemblera beaucoup à la personne que vous étiez il y a deux ans.

Ne pensez pas un seul instant à lui claquer la porte au nez ! La poursuite de votre guérison dépend de la sienne. Maintenant que vous savez être un papa ou une maman pour vous-même, vous pouvez être un papa, une maman, un frère ou une sœur pour quelqu'un d'autre. En d'autres termes, vous êtes enrôlé et vous ne pouvez pas refuser. Quand vous recevez cet appel, vous devez y répondre, car c'est ce pour quoi vous avez signé en acceptant cette incarnation. Vous avez signé pour vous apporter de l'amour et pour en apporter aux autres.

Voilà, c'est à votre tour de servir.

Donner à son tour

Tout comme la première phase du processus de guérison est entièrement centrée sur le fait de recevoir, la phase suivante de ce processus est entièrement centrée sur le fait de donner. Une fois que vous avez la tête hors de l'eau et que vous respirez à nouveau normalement, vous devez replonger pour aller aider quelqu'un qui se noie. Non pas qu'il y ait quelque impératif moral dans l'univers qui nous force à être « gentils avec les autres », mais parce qu'au cours du processus de guérison nous découvrons que la plus grande joie qui nous soit donnée de vivre est de pouvoir aider une autre personne à laisser derrière elle les douleurs auxquelles nous avons nous-mêmes été confrontés.

Se mettre au service des autres est ce qui nous lie le plus solidement à nos semblables et à la conscience de l'amour inconditionnel. Alors vous voyez, ce n'est pas que « nous devons » rendre ; c'est que « nous voulons » rendre et partager avec eux la guérison que nous avons vécue.

Beaucoup d'entre nous cherchent leur mission de vie aux quatre coins de la planète alors qu'elle se trouve précisément sous notre nez. Quand nous offrons notre aide à celui qui en a besoin, notre mission apparaît clairement. Nous sommes là pour guérir et aider les autres à guérir.

Ce n'est pas plus ésotérique ou compliqué que cela.

Votre blessure, quelle qu'elle soit, a été le point de départ de votre voyage vers l'unité. Vous avez appris à vous pardonner et à pardonner aux autres pour les souffrances du passé. Vous avez appris à dépasser la conscience de victime et à prendre votre vie en main. *Vous êtes la preuve vivante que la guérison et la réconciliation sont possibles.*

À l'instant même, dans votre ville – qu'elle soit petite ou grande –, d'autres personnes rencontrent les mêmes difficultés avec la même blessure initiale que vous. Elles continuent à s'en vouloir et à en vouloir aux autres, ou bien elles nient leur blessure et essaient de se perdre dans le travail, le sexe, la drogue ou l'alcool.

Vous savez ce qu'est le déni parce que vous êtes vous-même passé par là. Vous savez ce que c'est que de s'en vouloir ou d'en vouloir aux autres parce que vous l'avez fait vous-même. Qui d'autre que vous irait se tourner vers ces âmes ? Qui d'autre que vous peut les comprendre ?

Vous risquez de dire : « C'est que cela ne relève pas de ma responsabilité », ce en quoi vous avez raison. La responsabilité de guérir leur appartient. Mais concrètement peu d'entre eux vont guérir d'eux-mêmes. La plupart ne guériront pas sauf si vous attirez leur attention en leur disant : « Viens mon frère ou ma sœur, viens par ici. Tu ne vois pas que toutes les autres portes sont fermées ? Celle-ci est ouverte, passe donc par cette porte. »

Sans vous, ils ne trouveraient pas le chemin. Ils continueraient à passer par les mêmes vieilles portes qui mènent à des impasses. Ils resteraient dans leur malheur.

Mais vous parlez leur langue. Vous savez ce qu'ils ressentent et connaissez leur mode de pensée. Ils refuseront d'écouter les autres mais vous, ils vous écouteront.

Je ne dis pas que vous devez aller les haranguer sur la place publique ou prêcher du haut d'une chaire. Si vous n'avez pas peur de partager votre voyage de guérison, les autres vous trouveront. Ils se présenteront à votre porte ou dans votre cours. La façon dont ça marche est absolument miraculeuse. Quand le maître est prêt, l'élève apparaît. Et c'est la vérité. Quand vous êtes prêt à donner en retour, ceux qui ont besoin de recevoir votre don savent où vous trouver. C'est véritablement impressionnant.

C'est une démonstration puissante de la réalité spirituelle à l'œuvre dans notre vie. Quand nous sommes à l'œuvre, que nous aidons les autres à guérir, nous savons enfin que nous sommes « à notre place » ici-bas.

Que vous croyiez en Dieu ou non, il ne vous est pas possible de fermer les yeux sur les malheurs de vos semblables. Vous ne pouvez que ressentir leur souffrance. Il vous est impossible de ne pas entendre leur appel au secours, impossible de vous détourner d'eux.

Alors vous rejoignez l'armée grandissante des bénévoles qui souhaitent servir aux quatre coins du monde. Comme vous, ils ont dépassé leur souffrance, découvert leurs dons et sont prêts à les partager. Comme vous, ils sont poussés à servir par le pouvoir de l'amour. Ce pouvoir nous encourage à partager notre guérison avec tous ceux qui peuvent en bénéficier.

La guérison est un processus très lent quand nous le faisons seuls. Il est plus rapide lorsque nous sommes entourés de gens qui savent nous écouter et incarner un modèle de guérison.

Il y a de nombreux stoïques qui préfèrent garder leurs tourments pour eux. C'est leur choix, mais ce choix ne sert pas le plus grand bien de tous. Notre détresse n'a pas pour vocation de rester en nous. Elle a pour vocation d'être partagée. Le partage la fait diminuer et nous aide à la traiter avec compassion. C'est la fonction même d'une communauté de guérison. Notre époque réclame qu'il y en ait un grand nombre. La conscience humaine n'arrivera à faire le saut évolutif nécessaire que si nous nous attaquons aux racines de notre souffrance afin de guérir de nos blessures ensemble.

Tant que nos blessures ne seront pas guéries, la paix sur cette Terre ne sera pas possible. La coopération entre les pays, les religions et les groupes ethniques restera difficile, voire impossible.

Pour éveiller la joie et la coopération chez les peuples de la Terre, des communautés de guérison sont nécessaires, et il n'y en aura jamais trop.

Il est demandé à tous ceux qui vivent aujourd'hui de participer de manière significative à une communauté de guérison. Il est demandé à ceux qui guérissent et reprennent leur vie en main d'assumer des rôles moteurs dans la création et le bon fonctionnement de ces communautés.

Lao Tseu nous dit que si nous voulons guérir notre famille, nous devons d'abord guérir nous-mêmes, si nous voulons guérir notre ville, nous devons d'abord guérir notre famille et si nous voulons guérir notre pays, nous devons d'abord guérir notre ville, quelle qu'en soit la taille. Si nous voulons guérir notre monde, nous devons d'abord guérir notre pays, notre groupe ethnique et notre religion.

La guérison est un processus impulsé par la base. Il procède de bas en haut, non de haut en bas. Il est organique et non pas hiérarchique.

C'est une grande bénédiction car cela signifie que ce que chacun de nous fait devient très important. Si nous choisissons de guérir, la guérison devient possible pour notre famille et nos amis. Elle devient possible pour notre quartier et notre pays. Si nous choisissons de guérir, il y a grand espoir de voir la paix dans notre monde.

Je vous demande de garder cela à l'esprit la prochaine fois que vos démons se manifesteront et vous pousseront à croire qu'il n'y a aucun espoir dans cette vie, aucun sens à trouver.

Il y a toujours de l'espoir. Simplement, il ne se trouve pas là-bas à l'extérieur. Il ne se trouve que dans les profondeurs de votre cœur. C'est là que commence et que se termine le voyage de guérison. C'est là que sont vaincus les démons et semées les graines de l'amour. C'est là que, dans notre monde, commence la paix.

Une transformation spirituelle

Je sais bien que je vous ai dit que croire en Dieu n'était pas une condition sine qua non pour faire ce travail, car ce n'en est pas une. Mais si vous êtes arrivé à ce stade du voyage, si vous avez appris à vous faire confiance et à faire confiance aux autres de manière aussi profonde, intime, vous devez sûrement savoir que vous êtes au cœur d'une expérience spirituelle.

Quand vous servez les autres avec une grande ouverture de cœur et d'esprit, c'est comme si vous permettiez à l'Être divin d'agir en ce monde par le truchement de vos mains et de vos pieds. Un pouvoir supérieur est à l'œuvre à travers vous pour atteindre d'autres êtres humains. Inutile de recevoir une formation spécifique pour servir cette puissance d'amour. Il vous suffit simplement de manifester la volonté de guérir et d'aider les autres à le faire.

Si vous regardez votre vie rétrospectivement, si vous vous souvenez des professeurs, des mentors, des thérapeutes, de tous ceux qui vous ont soutenu et encouragé lors des moments difficiles, vous voyez l'impact extraordinaire qu'ils ont eu dans votre vie. Sans eux où en seriez-vous aujourd'hui ? Ils ont été comme des anges dans votre vie. La tempête avait beau continuer à faire rage, ils vous tenaient toujours la tête hors de l'eau.

C'est maintenant à votre tour d'être l'ange. Vous êtes des mains, des pieds divins sur terre.

Voyez-vous le miracle qui s'est produit dans votre existence ? *Vous êtes passé du stade où vous ne vous considériez pas digne d'amour au stade où vous êtes l'expression tangible de l'amour sur terre.* Et cela, cher ami, c'est une transformation spirituelle.

Si vous n'êtes pas à l'aise avec ce genre de propos, très bien, vous n'avez pas à les tenir. Mais quelque chose de profond s'est produit en l'occurrence. Quelles que soient vos croyances, vous ne pouvez pas ne pas reconnaître la transformation qui s'est opérée en vous et dans la vie de ceux que vous avez touchés.

La mécanique de la foi

Croire en Dieu ne signifie pas grand-chose si vous, vous ne croyez pas en vous-même. Vous devez croire en vous-même et savoir que vous êtes digne d'amour. Vous devez croire aux autres et savoir qu'eux aussi sont dignes d'amour.

Vous devez dépasser les buts égoïstes, vous rendre utile et arriver à constater l'énergie que vous recevez en retour. Puis, petit à petit, vous prendrez conscience que cet amour divin, inconditionnel, est une réalité évidente. C'est assurément ce pouvoir-là qui transforme la vie et lui permet de réaliser son plein potentiel.

Votre guérison vous permet d'accéder à votre propre épanouissement, de vous réaliser pleinement en tant qu'être humain. Plus rien n'entrave votre chemin. Vous devez simplement être vous-même et passer les portes qui s'ouvrent à vous.

Dans un premier temps, vous aurez peut-être quelques réticences à prendre les risques que l'on vous demande de prendre. Vous ne serez peut-être pas à l'aise avec l'idée d'écouter cette petite voix intérieure qui vous dit de passer une de ces portes sans savoir ce qu'il y a de l'autre côté. Au début, vous ferez seulement un peu confiance et prendrez de tout petits risques. En comprenant que vous ne courez aucun danger et êtes guidé par une grâce intérieure, votre confiance grandira et vous prendrez de plus grands risques.

Votre foi en vous tout comme votre guidance spirituelle sont les fruits de votre désir d'abord de faire confiance puis ensuite d'évaluer les résultats. Vous constatez que votre confiance aboutit à des résultats souhaitables. Avec le temps vous vous mettez à vous fier au processus.

Cela n'a rien d'une « foi aveugle ». Vous n'avez pas fermé les yeux. Bien au contraire, vous les avez gardés ouverts. Vous n'avez pas eu peur de passer votre système de guidance à l'épreuve des faits.

La foi en un pouvoir supérieur n'exige en rien que vous abandonniez toute raison ou tout bon sens. Elle réclame simplement que vous vous ouvriez à la sagesse intuitive qui est en vous. Elle vous demande d'élargir votre cadre de référence et d'avoir une conscience en expansion.

Avoir foi en Dieu, en l'amour ou dans le dessein universel ne signifie pas que nous cessions d'être sceptiques ou qu'il faille nous défaire de nos capacités analytiques. Cela veut simplement dire que nous reconnaissons la présence d'une énergie transcendante à l'intérieur de notre conscience et de notre expérience. Nous reconnaissons qu'il se passe davantage de choses que ce que nous percevons grâce à nos cinq sens.

Nous comprenons qu'il y a un but ou un sens sous-jacent à la vie et, à certains moments, nous pouvons l'entrevoir. Quand cela se produit, nous nous sentons remplis d'amour, transportés. Nous rencontrons une autre dimension de l'expérience ; nous nous y sentons connectés à tous les êtres, à toutes les choses qui nous entourent.

C'est ce qu'on entend par une expérience d'éveil spirituel. Cela nous arrive parfois au seuil de la mort, parfois en contemplant la beauté de la nature. Cela nous arrive aussi lorsque nous sommes face à une tragédie ou à un désastre.

C'est comme si une énergie nous pénétrait et nous donnait la force et le savoir nécessaires pour faire exactement ce qui devait être fait à ce moment-là. Nous nous sentons « inspirés », « transportés ». Il peut arriver que notre esprit soit baigné de lumière, ou que notre corps brûle de cette énergie incandescente.

Une fois que nous avons connu ce genre d'expérience, il nous est impossible de revenir à notre petit train-train quotidien. Nous ne pouvons plus traverser la vie de manière lourde et inconsciente, parce que nous savons qu'il existe quelque chose de plus. Il existe une énergie de transformation, de transfiguration, qui est à notre disposition si nous y sommes réceptifs et si nous voulons bien nous connecter à elle.

Au plus profond de notre cœur, nous savons que nous sommes aimés, désirés, chéris, que l'on a besoin de nous. Ce que nous faisons a son importance. De plus, si nous acceptons de nous mettre au service de l'amour, nous pouvons servir selon des modes qui dépassent de très loin notre imagination.

Et loin de gonfler notre ego, cela nous rend encore plus humbles parce que nous savons que nous ne faisons rien de spécial. Nous, nous ne faisons qu'être là et l'Esprit nous utilise pour accomplir sa mission : apporter de l'amour et de l'espoir à tous.

Au début, nous nous sentons indignes, nous sentons que nous ne sommes pas préparés. Nous ne savons ni que dire ni que faire. Nous ne pensons pas être capables d'aider. Or, si nous acceptons simplement d'être présents et d'être prêts à faire ce qui doit être fait dans l'instant présent, des choses incroyables se produisent.

Nous ne pouvons certes pas nous attribuer le mérite d'avoir fait ces miracles, mais nous savons que nous avons participé, à notre humble mesure, à leur création. Nous y avons pris part, soit en leur prêtant main-forte, soit en prenant quelqu'un par la main. Nous étions les témoins de quelque chose d'extraordinaire.

Liberté et abandon de l'ego

Tout au long de notre vie nous progressons vers l'abandon de l'ego. Nous apprenons à lâcher prise. Nous comprenons comment être avec la vie, sans lui résister ni y être attachés.

Cela n'a rien de facile. À certains moments, nous n'arrivons pas à lâcher prise, nous nous raccrochons impitoyablement à quelqu'un ou à quelque chose.

Quand nous nous agrippons de toutes nos forces, nous savons que notre peur s'intensifie. Nous avons peur d'être abandonnés. Nous avons peur de perdre l'amour que nous connaissons.

L'ironie, c'est que plus nous refusons de lâcher, plus nous sommes certains de perdre ce à quoi nous nous accrochons. Ce n'est qu'en ouvrant le poing, en desserrant notre étreinte, que nous comprenons qu'existe la possibilité que s'opère un changement qui ne détruira pas tout.

Le grand cadeau qui nous a été fait à tous est le cadeau du libre arbitre. Aucun de nous n'est forcé d'être là. C'est nous qui avons choisi d'être là. Aucun de nous n'est obligé d'être dans une certaine relation ou d'occuper un certain emploi. Qui plus est, nous sommes libres de choisir de ne pas exister.

L'extraordinaire liberté que nous avons nous inquiète aussi un peu. Si nous pouvons changer d'avis et que les autres peuvent également le faire, alors notre vie ne sera pas stable. Notre bel équilibre va voler en éclats de temps en temps.

Nous voulons avoir la garantie que tout restera tel quel. Mais la vie n'offre pas ce genre de garantie. Et même quand certains vous la proposent, ils ne tiennent pas forcément leurs engagements.

C'est de bonne foi que les gens promettent de passer leur vie ensemble et décident deux ans après que c'est impossible. Le meilleur employé – celui dont vous pensiez qu'il ne vivrait jusqu'à sa mort que pour l'entreprise – décide d'aller voir ailleurs ou de prendre un autre travail.

Les gens divorcent. Ils tombent malades. Ils meurent. Il n'y a aucune garantie que les choses restent telles quelles.

Assurément, si vous tenez à avoir une garantie, la seule promesse que vous n'aurez jamais, c'est que tôt ou tard tout changera, tout se modifiera, tout se réinventera ou se dissoudra dans le néant.

Bien sûr, c'est le genre de choses qui rend fou le petit enfant qui est en nous. Même s'il n'était pas trop craintif pour commencer, l'inéluctabilité du changement risque de le faire craquer !

Après tout, quand votre problème est l'abandon, vous ne voulez pas admettre que quiconque puisse jamais décider de partir.

Or la vérité c'est que tout le monde disparaîtra. Le monde arrivera à sa fin parce que vous cesserez d'en être le témoin.

Mais cette idée-là fait totalement paniquer le petit gamin ! Il faut donc le faire asseoir et lui dire que tout va bien se passer et que nous serons toujours là pour lui. Les autres vont peut-être aller et venir, mais il pourra toujours compter sur nous.

Nous devons réussir à faire accepter à ce petit enfant, et lui faire dépasser, l'idée traumatisante que le deuxième acte de cette pièce est presque terminé et que le troisième acte va se jouer dans un tout nouveau décor.

La flexibilité émotionnelle n'est le point fort d'aucun enfant blessé. Il est difficile de cultiver cette qualité quand vous êtes dans un bateau qui tangue et navigue en pleine tempête ! Or, c'est là qu'habite ce petit la plupart du temps.

Soyons clairs. Cet enfant est plutôt effrayé et angoissé. Il veut qu'on lui donne cette garantie même si on lui a déjà dit qu'il ne pouvait pas l'avoir. « Pourquoi ne peux-tu pas me mentir ? demande-t-il enfin, es-tu toujours obligé de me la dire cette fichue vérité ? » Et nous lui répondons : « Eh oui, mais je vais te la dire aussi gentiment que possible. Pour l'instant, prenons les choses jour après jour. Ne te préoccupe pas de ce qui va arriver demain. Concentre-toi plutôt sur ce qui se passe précisément maintenant. »

Car à l'instant présent de deux choses l'une : soit nous faisons naître ou grandir notre attachement, soit nous le voyons comme une cause potentielle de souffrance. Si nous voyons ce potentiel de souffrance, il nous est alors possible de commencer à renoncer à notre attachement ici et maintenant.

Comme nous l'avons souvent répété précédemment, l'amour ne peut pas être conditionnel. Il doit être inconditionnel. Personne d'autre que nous-mêmes ne peut nous rendre heureux. Car si nous dépendons de qui que ce soit d'autre, notre bonheur est conditionnel. Or, toutes les conditions finissent par y passer et la situation s'effiloche.

Alors autant nous mettre tout de suite à défaire cet écheveau. Voici un exercice simple à faire. Écrivez ceci, s'il vous plaît, dans votre journal et remplissez les blancs :

« Je vois en ce moment que je dépends de .... pour être heureux et le jour viendra où .... ne viendra plus ici ou refusera tout simplement de me rendre heureux. Que ferai-je alors ? »

Lentement, profondément, en prenant chaque fois votre respiration, commencez à renoncer à votre attachement à .... et à tous les gens de votre entourage qui, bien à leur insu, retiennent votre bonheur en otage.

Écrivez à présent : « Je prends la responsabilité d'être heureux tel que je suis maintenant, indépendamment du fait que .... soit gentil avec moi.

.... ne contrôle pas mon bonheur et n'en est pas responsable. Mon bonheur ne dépend que de moi. J'en ai la responsabilité. »

Si nous pratiquons cette façon de nous en remettre à la vie à tout instant, nous cultivons notre liberté et donnons aux autres la liberté de faire leurs propres choix. Nous cessons de vivre une vie rendue fausse par notre tentative de faire plaisir aux autres ou de les contrôler.

Nous renonçons à nos attachements peu à peu et un par un.

Quand vous n'êtes plus attaché à ...., vous arrivez à prendre plaisir à être avec lui/elle. Vous pouvez vous réjouir de qui il/elle est et être authentiquement présent à ses côtés.

Et c'est ainsi que vous créez le bonheur : en étant vraiment là pour les gens qui sont présents dans votre vie et en les acceptant tels qu'ils sont. Cette chose-là, vous la faites ici et maintenant. Cela ne se passe ni dans le passé ni dans le futur.

Si vous examinez la nature de l'attachement, vous verrez qu'il a été créé dans le passé et se renforce dans le présent. Pour le faire disparaître, il vous suffit de ne plus le renforcer. Vous cessez d'attendre quoi que ce soit des autres et acceptez simplement ce qui est.

Ceci vous libère de tout lien karmique, de tout vestige du passé. À présent, ------------ et vous êtes tous deux libres d'être vous-mêmes. Aucun de vous deux ne souhaite plus rien de l'autre ni n'a besoin de lui.

Vous entrez dans le présent, là où le passé n'existe pas et où tout est possible.

C'est précisément à cet endroit que nous voulons être, car c'est là que se trouvent l'amour inconditionnel et l'acceptation. C'est en ce lieu que nous sommes frères et sœurs. C'est là qu'existe l'égalité spirituelle absolue.

CHAPITRE SIX

Pratiquer dans la joie

Si vous tentez de vous raccrocher à l'amour, vous le perdrez.
L'amour et le contrôle s'excluent l'un l'autre.
Quand vous avez l'un, vous n'avez pas l'autre.

Développer la conscience-témoin

Pour guérir, il est nécessaire que nous prenions l'engagement d'avoir une pratique spirituelle quotidienne.

Une pratique qui s'avère utile consiste à consacrer vingt à trente minutes par jour à faire le calme en vous et à observer vos pensées.

En observant vos pensées, vous vous en détachez et en devenez témoin. Vous remarquez les pensées qui vont et viennent dans votre esprit sans essayer de les retenir ou de les repousser. Vous restez neutre et vous remarquez simplement ce qui se passe.

S'il vous arrive de vous identifier à une pensée en particulier ou à l'émotion qui s'y rattache, vous remarquez simplement ce fait en gardant à l'esprit que vous êtes observateur et non pas acteur.

Quand vous démarrez cette pratique, vous croyez que vos pensées vous appartiennent. Mais après avoir adopté cette position d'observateur pendant un certain temps, vous commencez à les percevoir simplement comme des pensées et non pas comme *vos* pensées. Vous ne vous identifiez plus à vos pensées. Elles ne sont pas vous.

C'est ce qu'on nomme la conscience-témoin.

La même chose commencera à se produire avec les émotions reliées à ces pensées. Elles deviendront de simples sentiments et non pas *vos* sentiments. Alors quand vous aurez un accès de tristesse, cela commencera par être, disons, votre tristesse motivée par la mort de votre mère quand vous aviez six ans. Mais après un certain temps, ce ne sera plus que de « la tristesse » ou même « l'histoire de quelque chose de triste ».

Ce qu'il y a de beau avec la conscience-témoin, c'est qu'elle nous permet de prendre de la hauteur par rapport à la blessure et de la regarder sans nous identifier à elle. C'est une grande aide.

De cette hauteur, nous voyons combien il est facile de nous attacher à notre histoire. Nous percevons la façon dont nous désirons que cette histoire détermine notre identité. Nous désirons être cette personne blessée qui, privée de tout choix, n'est pas responsable de toutes les choses négatives qui se sont produites et qui est donc incapable d'aller au travail ou à l'école. Nous voyons avec quelle facilité nous revendiquons le rôle de victime et nous nous mettons à nous trouver des centaines d'excuses pour expliquer pourquoi nous ne pouvons pas changer notre vie d'un iota.

Ce qui est merveilleux, en l'occurrence, c'est que le témoin qui voit « la victime » ne peut pas être cette victime. C'est ce en quoi le fait d'être conscient est un vrai cadeau.

Lorsque nous sommes conscients d'un schéma, nous ne pouvons pas y être inclus. Nous ne pouvons être dans ce schéma que si nous nous identifions aux pensées et aux émotions qui y sont associées.

Cette pratique rompt ce genre d'identification et nous commençons à voir qu'une partie de nous est blessée alors que l'autre ne l'est pas. Seule la partie indemne peut aimer de manière inconditionnelle et peut accepter la partie blessée. Cette dernière continue à s'identifier à la blessure et à en souffrir.

À l'intérieur de notre psyché se trouvent à la fois l'enfant blessé et l'être qui le guérit. Il y a la partie qui a besoin d'amour et celle qui lui en prodigue.

Les éléments de la guérison sont à présent réunis et le processus de synergie par lequel se crée l'unité psychique peut alors commencer.

Au fil du temps nous apprenons à pratiquer cette conscience-témoin à tout moment de la journée, chaque fois que nous remarquons que nous nous identifions à nos pensées et à nos émotions. Cette pratique nous aide à comprendre le va-et-vient de nos pensées et de nos émotions et que tout cela n'est pas nous.

Les pensées et les émotions pénètrent la conscience mais ne sont pas la conscience elle-même. Elles n'en sont que le contenu et en tant que telles ne cessent de changer, d'apparaître et de disparaître sur l'écran de notre esprit.

Le témoin, lui, ne change pas. Il est toujours là. Il se fait quelquefois entraîner dans tout le cinéma créé par les pensées et les sentiments et imagine que c'est là qu'il vit, mais seulement parfois.

Quand il n'est pas entraîné dans ce jeu, une clarté et une paix remarquables s'installent dans la conscience. Celle-ci ressemble à un lac étincelant de lumière sous un ciel sans nuage. Aucune ombre sur l'eau, aucun jeu d'ombre et de lumière. Rien que le pur reflet de la lumière rayonnant dans toutes les directions.

J'appelle cela *l'esprit diamant*. C'est la pureté cristalline de la conscience qui communie avec elle-même.

De tels instants nous font comprendre qu'il existe quelque chose de plus grand que tout le cinéma que nous nous faisons. Quelque chose de transcendant qui, dans le même temps, englobe toute chose. Nous y vivons et quand nous le remarquons, c'est lui qui vit en nous.

Gratitude et célébration

La célébration et les remerciements sont sources de joie. Quand nous ouvrons la bouche pour entonner des mots d'amour et chanter des hymnes de fête, nous connaissons la joie, l'extase, le bonheur absolu.

Quand nous dansons des danses de gratitude et de paix, notre cœur s'ouvre et nous sentons l'énergie traverser nos mains et nos pieds. Quand nous bénissons les autres, quand nous nous bénissons nous-mêmes, nous sommes transportés, tout comme eux. Quand nous nous proposons d'aider quelqu'un qui a besoin de notre aide, nous sentons la grâce et la bonté nous entourer. L'esprit de l'homme a toujours eu pour vocation de danser, de chanter, de fêter la vie. Il a soif de ce mode d'expression et ne peut s'en passer.

C'est pourquoi nous nous rendons à des offices charismatiques. Nous voulons nous ouvrir à la joie de célébrer le bien qui existe en nous tous.

Sachant cela, une des façons de cultiver la joie dans votre vie est de prendre chaque semaine le temps de vous réunir avec d'autres personnes pour célébrer le côté positif de l'existence et remercier la vie de vous offrir toutes ces bénédictions.

Qu'ils soient quotidiens ou hebdomadaires, les rituels festifs de gratitude et de célébration contribuent à élever notre conscience. Si vous n'en connaissez pas encore, je vous encourage à aller en chercher ou à les inventer.

Rejoignez une chorale, rencontrez des gens de toutes traditions qui dansent les Danses de Paix universelle, passez une soirée à chanter en chœur, à prier ou à faire des percussions. Des rituels de ce genre nourrissent le cœur.

Or, dans notre culture, le cœur est rarement nourri.

Nos vies sont passablement remplies de choses déprimantes, effrayantes ou préoccupantes. Chaque fois que nous allumons la radio ou lisons le journal, nous sommes assiégés de nouvelles négatives de gens violés, assassinés ou morts sur le champ de bataille.

Tout ceci attriste nos cœurs et ronge notre espoir.

Vous ne pouvez pas constamment nourrir votre cœur de poison, faute de quoi il se desséchera et mourra. Vous devez lui donner quelque chose de nourrissant. Il a aussi besoin d'entendre de bonnes nouvelles, pas que les mauvaises.

Il a besoin d'entendre parler de miracles, pas que de catastrophes.

Pour toute mauvaise chose qui se produit, il en arrive une bonne. Il nous appartient de découvrir ce qui est bon et de le fêter.

Si nous n'essayons pas d'agir de la sorte, nous serons les victimes passives d'un monde médiatique qui croit que seules la violence et la cruauté font vendre.

Même si ce n'est pas vrai, les médias continueront de le croire, sauf si nous refusons de consommer le régime mental et émotionnel pernicieux qu'ils nous servent quotidiennement.

Découvrez-vous chaque jour ce qu'il y a de bon dans votre vie ? Remarquez-vous tout ce qui vous comble ? Offrez-vous des remerciements pour toutes les choses positives qui existent dans votre vie ?

Sinon, pourquoi ne le faites-vous pas ? Tout comme vous choisissez ce que vous mangez, vous choisissez ce dont vous nourrissez votre cœur, votre esprit et ceux de vos enfants.

Ne vous accommodez pas de la violence et de la cruauté. Ne vous satisfaites pas des mauvaises nouvelles.

Ne traversez pas la vie en vous plaignant de toutes les choses terribles qui existent en ce monde. Découvrez les bonnes choses. Faites-les entrer dans votre cœur et dans votre foyer. Fêtez-les avec vos enfants.

Soyez le porteur d'espoir et non de désespoir. Soyez celui qui fête le monde, non celui qui s'en plaint. Soyez celui qui amène de l'amour, non celui invoque la peur.

Pour que la joie entre dans votre vie, vous devez changer de régime mental et émotionnel. Alors laissez ce téléviseur éteint un jour ou deux. Mettez de côté tous les appareils électroniques. Éteignez les téléphones portables, les ordinateurs et les jeux vidéo. Laissez tomber, le temps d'une pause, cette obsession humaine pour les moteurs et les machines.

Fêtez le Sabbat à l'ancienne. Ne montez même pas dans votre voiture. Prenez votre conjoint(e) et vos enfants par la main et faites une grande promenade le long de la rivière, dans les bois ou dans un parc. Passez du temps ensemble. Regardez-vous dans les yeux. Soyez reconnaissant de pouvoir profiter de ce temps ensemble.

La vie sera finie en un clin d'œil. Ne ratez pas l'occasion d'exprimer votre amour et votre gratitude.

Renoncer à la négativité

La pratique la plus puissante à notre portée est aussi l'une des plus difficiles. Elle s'appelle « renoncer à la négativité ».

Ne vous méprenez pas : ceci est vraiment une pratique avancée. Ne vous y aventurez même pas avant d'avoir largement entamé la guérison de votre enfant intérieur. Car autrement, vous risqueriez de l'utiliser comme moyen de nier ou de masquer votre blessure.

Ne faites pas ça. Découvrez votre blessure et commencez à la guérir. Ensuite, quand il sera temps de vous défaire de votre histoire et de laisser derrière vous les derniers vestiges du statut de victime, là vous pourrez vous lancer dans cette pratique difficile.

Celle-ci requiert que vous renonciez à vous plaindre ou à être accro à la négativité et que vous affirmiez « c'est bon, assez de négativité ! ». À partir de là, votre intention est de trouver un moyen de dire « Oui » à vous-même, aux autres et au monde qui vous entoure.

Si quelqu'un vous demande : « Tu aimes le jaune ? » même si vous le détestez, ne dites pas « Non », dites plutôt : « Je n'aimais pas le jaune jadis, mais j'apprends à l'apprécier. »

Si quelqu'un vous dit : « Peux-tu me donner un peu d'argent ? » Dites : « Mais bien sûr », et donnez-lui la somme qui vous convient. Si quelqu'un dit : « Quatre enfants ont été tués dans un bus aujourd'hui. N'est-ce pas horrible ? » Répondez : « Oh oui, et je prie pour eux, pour leur famille, pour le conducteur du bus et le chauffeur du camion qui les a percutés. Et je prie aussi pour toi et pour moi parce que cette information est difficile à supporter et nous devons la prendre de manière aimante et ne pas perdre espoir. »

Finis les reproches tous azimuts. Ce n'est de la faute de personne. Nous envoyons notre amour à toutes les personnes concernées.

Cette pratique vous met au défi de trouver une manière positive de réagir à tous les événements, toutes les circonstances qui, dans votre vie, vous agacent profondément.

Ceci signifie qu'il y aura des moments où vous serez bien obligé de dépasser vos doutes ou votre scepticisme.

Si votre fils ou votre fille trouve un nouvel emploi qui ne semble pas du tout pratique et si en plus il/elle n'a jusque-là jamais réussi à garder un travail plus de deux ou trois jours, quand il/elle vous dit : « Il est formidable ce boulot, non ? » contenez-vous. Ne dites pas : « Tu remets ça encore une fois ! » Dites plutôt : « Oui, vraiment formidable et j'espère que ce travail te comblera. »

Trouvez une façon de positiver ce qui arrive. Trouvez de quoi fêter le bon côté des choses. Découvrez l'espoir qu'il contient, aussi infime et négligeable soit-il et faites en sorte de le mettre en avant.

Imaginez qu'on vient de vous nommer présentateur d'une grande chaîne de télévision et que vous ayez toute latitude pour choisir les informations. Sélectionnez les bonnes nouvelles. Mais si vous avez le sentiment que vous devez aussi parler des mauvaises, parlez-en de manière positive, pleine d'espoir.

Et là vous demandez : « Mais ça, n'est-ce pas digne des personnages du monde magique et merveilleux ? »

Peut-être, mais ces personnages n'ont pas exploré le côté glauque de l'existence, ni des tranchées. Ils n'ont pas affronté de partie sombre bille en tête. Contrairement à vous, ils n'ont pas eu le courage de regarder leurs propres peurs ni les peurs de l'humanité.

C'est vous qui avez fait ce travail de guérison émotionnelle. Vous connaissez la cause de votre souffrance et aussi la souffrance des autres. Mais vous savez également que les gens ont besoin d'espoir.

Les gens ont besoin de savoir que le bonheur est possible. Ils n'ont qu'une envie : celle de reprendre leur vie en main.

Et vous, vous choisissez de les y aider. Bien sûr, vous savez que la guérison et l'autonomie sont des processus qui ne se font pas en un jour. Mais vous n'allez pas leur enlever leurs illusions. Vous allez leur dire : « Voilà des nouvelles fantastiques. Voilà des choses encourageantes. Puissent-elles vous aider à vous engager dans ce voyage et vous donner de l'espoir au moment où celui-ci semble difficile à trouver. »

Cette pratique ne consiste pas à nier l'ombre, ni à faire semblant que la souffrance n'existe pas.

Ça, c'est ce que font les personnages « du monde magique et merveilleux ». C'est ce que faisait Bouddha avant d'ouvrir les portes de son palais et d'aller courir les rues. Là, il y vit des souffrances incroyables et en fut ébranlé. Il ignorait l'existence de la pauvreté, de la faim et de la violence dans ce monde.

Mais après les avoir vues, il ne pouvait plus les nier. Il passa le reste de sa vie à chercher comment mettre un terme aux souffrances de ses semblables.

C'est aussi ce à quoi vous, vous vous engagez. Vous ne niez pas la souffrance. Vous soignez et pansez les plaies. Vous affirmez la valeur de la vie. Vous apportez tout votre soutien au désir de vivre, d'apprendre, de transformer notre souffrance et notre peur en acceptation et en amour.

Attentes positives

Voici une autre pratique que l'on associe aux personnages du « monde magique et merveilleux ». En fait, c'est leur cousine germaine, Cendrillon, qui l'a inventée car elle avait une vie bien plus difficile, donc bien plus remplie d'occasions de pratiquer.

Comme nous le savons tous, les choses n'étaient pas faciles pour Cendrillon. Elle devait nettoyer les toilettes, récurer les sols, faire la lessive, couper du bois pour la cheminée et aller vider ces lourds seaux de cendres dans la neige. Pendant ce temps-là, ses sœurs, elles, menaient grand train. Elles n'avaient pas trop d'efforts à faire pour avoir des « attentes positives ». Les bonnes choses leur tombaient toutes cuites.

Mais Cendrillon n'avait pas la chance d'avoir ce genre de confort ou de richesse instantanés. Sa vie était très différente. Elle travaillait néanmoins toujours gaiement et ne renonçait jamais à espérer. C'est peut-être pour cela que l'espoir ne l'a jamais quittée.

Tout le monde connaît cette histoire. Cendrillon savait qu'« un jour son prince viendrait ». Elle persistait à s'attendre à de bonnes choses en dépit de l'abondance d'insultes et d'humiliations qui semblaient s'accumuler dans sa vie.

Et finalement, son travail assidu et son attitude confiante ont fini par payer. La pantoufle de vair a chaussé à merveille son tout petit pied et nul ne pouvait en disconvenir.

Sa marâtre et ses demi-sœurs avaient beau bouder et être jalouses autant qu'elles le voulaient, elles n'impressionnaient personne. Ce n'étaient pas des victimes. Elles n'avaient que ce qu'elles méritaient.

Le boomerang retournait à l'expéditeur. Elles récoltaient ce qu'elles avaient semé en pensées, sentiments et actions. Tout comme Cendrillon.

Vous ne pouvez pas dire qu'il n'y a pas de justice dans l'Univers. Les choses mettent peut-être un certain temps mais tout arrive finalement à point.

Les résultats obtenus par Cendrillon et par ses demi-sœurs étaient justes.

Mais que sommes-nous censés apprendre de cette petite histoire ? C'est après tout un conte moral. Il nous offre une leçon de vie tout à fait prodigieuse. Voici quelques-uns de ses nombreux ingrédients ingénieux :

1) Travailler dur ne va pas vous tuer mais plutôt vous renforcer. Surtout n'oubliez pas de siffler en travaillant. Tant qu'à faire, aimez votre travail, quel qu'il soit. Le service rendu compte, même si vous servez quelques vieilles harpies gâtées-pourries qui vous détestent de toutes leurs forces.

2) Vous avez le choix : vous pouvez garder la foi, ou bien la perdre, mais c'est la garder qui marche le mieux.

3) Votre cœur finit toujours par obtenir ce qu'il désire.

4) Tout ce que vous servez aux autres vous revient, donc attention à bien manier la cuillère de service.

5) Personne ne peut vous priver de votre innocence. Mais vous pouvez la brader en étant amer et plein de rancœur. Ne faites pas ça. Gardez votre innocence. Persévérez dans votre espoir et votre gratitude. C'est ce que le prince recherche.

6) Vous avez parfois besoin de croire au prince charmant, même quand il n'est pas visible.

7) Si vous ne croyez pas mériter le prince, vous allez probablement vous retrouver avec une grenouille.

8) Si une grenouille monte dans votre chambre, faites-la sortir et remettez-la dans la mare.

En fait, les points 7 et 8 sont peut-être bien la leçon d'une autre histoire. Mais vous avez quand même compris ce que je voulais dire.

Avoir des attentes positives marche toujours, en fin de conte ! Le problème avec ceux qui optent pour une « version allégée de Cendrillon », c'est qu'ils renoncent trop facilement. Ils voudraient des résultats immédiats.

Dès qu'on leur demande de faire la lessive ou de sortir les poubelles, ils s'exclament : « Assez ! Je me barre ! »

Ils n'ont pas suffisamment de patience face au processus. Même si vous arrivez à avoir des « attentes positives », il n'est pas dit qu'elles se réaliseront au moment où vous le désirez ou comme vous le souhaitez.

Il faut persévérer un certain temps.

Dans mon livre *Les Lois de l'amour*, la quatrième loi, la loi de Manifestation, énonce clairement que ne se manifestent dans la réalité physique que les choses auxquelles nous tenons le plus et celles pour lesquelles nous nous engageons le plus.

Donc si vous ne tenez pas assez au prince pour attendre qu'il vienne, il y a de grandes chances qu'il ne se présente jamais dans votre vie.

Vous devez remplir votre partie du contrat, comme l'a fait Cendrillon. Si vous ressemblez davantage à ses demi-sœurs – gâtées, impatientes et trop fières pour sortir les poubelles – vous pouvez toujours « penser que le prince viendra », mais cela ne marchera pas.

Les princes ne sont pas aussi bêtes. N'ayez pas, je vous en prie, une aussi mauvaise opinion d'eux. Ils savent faire la différence entre une princesse travailleuse et une sale garce !

Bien sûr, les princesses ne sont pas bêtes non plus. Elles savent exactement qui sont les grenouilles et qui sont les princes déguisés. Elles ne retroussent pas les lèvres pour embrasser n'importe quelle vieille grenouille.

Et voilà !

La question n'est pas : « L'attente confiante est-elle une pratique qui donne de bons résultats ? » mais plutôt : « Avec quelle ferveur êtes-vous prêt à pratiquer ? »

La chance n'est ni complètement fortuite ni complètement gratuite. C'est le fruit d'un travail soutenu et d'une attitude positive de notre part et de la réponse magique et surprenante de l'univers.

Prendre du recul

Shakespeare a écrit : « Le monde entier est un théâtre et les hommes et les femmes ne sont que des acteurs. »

La vie est composée de 95 % de mise en scène et de 5 % d'essence, autant dire que nous vivons principalement en inventant une pièce de théâtre. Nous prenons les choses très au sérieux et passons le plus clair de notre temps à réagir inconsciemment aux événements et aux contingences de notre existence.

Si nous pouvions sortir un instant de scène pour observer le déroulement de la pièce, nous nous rendrions compte de son absurdité. Nous verrions que nous rendons la vie beaucoup plus difficile et plus compliquée que nécessaire.

En prenant du recul, nous voyons l'essence des choses et sommes à même de nous en occuper. Il nous est alors possible de laisser glisser le reste du fardeau qui pèse sur nos épaules.

Nous apprenons à nous concentrer sur ce qui est vraiment important et à ne pas nous prendre la tête pour des détails. Alors, même les requins deviennent du menu fretin.

Chacun de nous doit trouver une façon de sortir de scène pour voir ce qui s'y passe d'un point de vue plus transcendantal. Autrement, nous nous engluons dans la lourdeur du quotidien, ce qui rend difficile la clarté d'esprit ou la paix.

Il existe de nombreuses façons d'y arriver. Pour certains la méditation marche bien. Nous prenons chaque jour le temps de nous détacher de la pièce que nous jouons et de trouver l'endroit en nous qui est centré, paisible et connecté à notre essence.

Faire une grande marche chaque jour présente les mêmes avantages. Une marche en montagne, au bord d'un torrent ou sur une plage déserte, loin de toute perception humaine visuelle ou sonore, nous permet de nous ressourcer d'un point de vue physique, émotionnel, mental et spirituel.

Personnellement, il m'est impossible de me sentir déprimé, agité ou obsédé par mes problèmes quand je suis entouré d'arbres majestueux ou de torrents impétueux, ou quand je sens le vent ou les embruns. Les bruits de la nature calment mon corps, purifient mes pensées, stimulent mes émotions et éveillent mon esprit.

Ma vie est particulièrement saine quand je pars chaque jour à la recherche d'un endroit isolé au fond des bois ou sur la plage, où je peux prendre de grandes respirations et me défaire des exigences stressantes de ma vie. C'est en marchant que je me rappelle qui je suis vraiment. Je me reconnecte à mon moi essentiel. Je peux ensuite retourner à mes préoccupations humaines en étant plus centré et en ayant une idée plus claire de ce qui est important.

Il importe aussi d'équilibrer chaque jour travail intellectuel et exercice physique. Quand les besoins du corps et de l'esprit sont tous deux satisfaits, nos pensées sont plus claires. L'esprit peut se concentrer sur les solutions à trouver aux problèmes pratiques et ne s'éternise plus sur ses propres peurs, ses angoisses ou ses obsessions névrotiques.

Chacun de nous doit trouver la forme de rituel quotidien qui l'aide à faire descendre l'énergie du cerveau dans le reste du corps. Sans cela nous sommes déséquilibrés et nous nous mettons à stresser.

La plupart des choses dramatiques que nous vivons ne résultent pas de la réalité extérieure mais de notre cinéma intérieur. Nous commençons à penser à quelque chose et avant même que nous nous en rendions compte, notre esprit va à cent à l'heure. Nous repensons à des choses anciennes qui font souvent ressurgir des émotions comme la peur, la honte ou la rancœur.

À la maison ou au travail, nous essayons de faire comme si de rien n'était émotionnellement mais cela marche rarement. Si nous ne prenons pas le temps d'être en contact avec nos sentiments, nous nous énervons facilement avec les autres et eux avec nous. Il s'ensuit encore plus de drame, de honte et de reproches, encore plus de sentiments blessés. Nous disons tout un tas de choses que nous ne pensons pas. Nous agressons les autres ou nous nous refermons sur nous-mêmes. Chacun malmène l'autre.

Trouver un rituel quotidien qui nous aide à nous centrer et à y voir clair dans nos sentiments est un aspect essentiel de l'écoute que nous devons nous apporter et du respect que nous devons aux autres. Quand nous arrivons à prendre en charge nos propres émotions, au lieu de déverser nos sentiments sur les autres, nous évitons des scènes inutiles ; nous communiquons plus facilement avec les autres avec honnêteté et compassion.

Sortez donc à présent votre carnet et faites la liste de quelques-unes des façons dont vous pouvez prendre du recul. Posez-vous les questions suivantes :

- Quels rituels m'aident à prendre les choses plus lentement, à laisser tomber les détails et à voir ce qui est vraiment important ?
- Quels rituels m'aident à réduire mon stress, équilibrer les besoins de mon esprit et de mon corps, et me donnent le temps de m'occuper de mes émotions quand elles surgissent ?
- Quels peuvent être mes rituels quotidiens pour m'abstraire de la pièce qui se joue dans ma vie et la voir avec davantage de détachement et de perspective ?
- Quels rituels m'aident à me connecter à l'Esprit en moi et à me centrer sur mon moi essentiel ?

Une fois que vous avez complété cette liste, choisissez un seul rituel quotidien que vous pourrez intégrer à votre vie au cours de la semaine suivante. Puis observez la différence apportée à votre qualité de vie. Vous pouvez ajouter des rituels ou les modifier si nécessaire jusqu'à ce que vous trouviez la bonne combinaison pour vous.

Comment savoir que cela marche ? Vous le saurez dès que votre vie s'arrêtera d'être affreusement sérieuse et que vous apprendrez à prendre les choses avec plus de légèreté, à vous amuser un peu. Vous saurez que cela marche dès que vous ne serez plus dans la tête mais dans le cœur, que vous arrêterez d'être aussi stressé et énervé, que vous aurez le temps de respirer, de faire de la gym, d'être présent à vous-même et aux autres de manière décontractée.

Faites simple

Quel que soit le stade auquel vous vous trouviez dans ce voyage de guérison, ne soyez pas, s'il vous plaît, accablé par le travail qui vous attend. Il est nécessaire de prendre ce processus lentement. Il est nécessaire de mettre un pied devant l'autre.

Nous n'allons pas guérir si nous nous infligeons trop de pression ou si nous pensons ne pas avoir assez de temps.

Ne nous mettons pas sous pression et comprenons que nous avons largement le temps. Nous guérissons lorsque nous sommes prêts à guérir et pas une minute plus tôt. Cela prendra le temps qu'il faudra.

Notre seule tâche consiste à être présents et à faire ce que nous pouvons aujourd'hui.

Pour plaisanter, rappelez-vous du mot KISS, raccourci de « *Keep it Simple, Stupid* » (Fais Simple, Idiot). Bien sûr que vous n'êtes pas idiot à moins de vous fixer des buts gigantesques, irréalistes et inatteignables.

Ne faites pas ça. Restez ancré. Faites simple. Habituez-vous à vous fixer des buts réalistes et à les atteindre. Vous arriverez ainsi à utiliser vos victoires pour en réaliser d'autres.

Rappelez-vous « le voyage de mille kilomètres commence par un seul pas ». Alors faites ce pas aujourd'hui. Ne vous préoccupez pas du suivant ou de celui d'après.

En agissant ainsi, vous vous apprenez à réussir.

Cela a son importance, car par le passé vous avez peut-être fait justement l'inverse.

Essayez de ne pas être dans le mental, là où vous dominez le monde et bâtissez des empires. Soyez dans le cœur et mettez simplement un pied devant l'autre.

Quand vous êtes dans le mental et commencez à vous sentir dépassé ou angoissé, prenez une grande respiration et demandez-vous : « Que puis-je faire maintenant ? » Tenez-vous-en strictement à cette demande.

Dites-vous : « Voilà ce que je peux faire aujourd'hui, donc c'est ce sur quoi je vais me concentrer. Je ne vais pas me préoccuper de tout ce que je ne peux pas faire maintenant. Je vais simplement faire confiance et me dire que, d'une façon ou d'une autre, toutes ces choses seront abordées en temps et en heure. »

Si vous connaissez La Prière de la Sérénité[1], dites-la souvent. Si vous ne la connaissez pas, apprenez-la et commencez à vous en servir.

Dites-vous : « Ce n'est pas grave que je ne sache pas comment tout cela va se terminer parce que la seule chose que je sache, mais de loin la plus importante, c'est que je fais de mon mieux en cet instant. »

---

1. Marc Aurèle semble en être l'auteur : « Que la force me soit donnée de supporter ce qui ne peut être changé et le courage de changer ce qui peut l'être mais aussi la sagesse de distinguer l'un de l'autre. »

Et puis fichez-vous la paix ! Allez-y doucement et gentiment avec vous-même. Prenez une autre grande inspiration et continuez à respirer jusqu'à arriver à vous détendre et à relâcher la pression.

Lever la pression extérieure

La pression vient pour l'essentiel de l'intérieur, non de l'extérieur. Mais elle peut occasionnellement venir des autres quand ils ont des attentes que vous ne pouvez pas satisfaire. Lorsque ce cas se présente, vous devez vous honorer et vous faire entendre. Allez trouver la personne qui a ce genre d'attentes et dites-lui : « Je suis désolé(e). J'ai beau essayer, je n'y arrive pas. Je ne peux pas faire les choses de la façon dont vous le souhaitez ni dans les délais que vous demandez. »

La plupart des gens apprécieront votre honnêteté et vous excuseront. Quant aux autres, vous aurez peut-être besoin de leur envoyer votre préavis.

Vous êtes un être humain après tout. Vous n'êtes pas parfait. Le mieux que vous puissiez faire, c'est le mieux possible, un point c'est tout.

À l'impossible nul n'est tenu.

Il y a des fois où tout le monde doit y aller plus doucement et prendre une grande respiration. Nous mettons parfois la barre trop haut, non seulement pour nous mais aussi pour nos compagnons, nos enfants ou nos employés.

Loin de vous l'idée de devenir esclavagiste puisque quand vous vous poussez trop, vous tombez malade ou avez une attaque. Et quand vous poussez trop les autres, vous perdez leur loyauté et leur affection. Vous finissez divorcé, renié par vos enfants ou abandonné de vos employés.

La pression est quelque chose qui ne marche pas, que ce soit de l'intérieur ou de l'extérieur. Alors découvrez d'où vient cette pression et réglez le problème. Ralentissez le rythme. Soyez plus doux avec vous-même et avec les autres.

Il est temps de faire une pause, d'évaluer ce qui se passe. Il est peut-être temps de revoir votre but, de changer de stratégie ou de calendrier. Peut-être bien qu'il est temps de changer de vitesse.

Quand un camion amorce une forte montée en montagne et commence à perdre de la vitesse, il a besoin d'adopter un régime plus lent s'il veut avoir la force d'arriver au sommet.

Les gens ressemblent parfois à des camions. Eux aussi ont besoin de rétrograder pour négocier le terrain difficile qui se présente à eux.

Ceux qui ne passent pas à une vitesse inférieure s'épuisent ou tombent en morceaux. Ne soyez pas l'un d'eux.

Ne vous mettez pas trop de pression, ne laissez pas les autres vous en mettre non plus et n'en mettez pas trop sur les autres.

Vivez la vie au jour le jour. Placez un pied devant l'autre. Reculez d'un pas si nécessaire. Faites de votre mieux. Faire davantage n'est ni utile, ni sain, ni avisé.

CHAPITRE SEPT

Acceptation radicale

Le trésor se trouve dans notre cœur et non dans le monde. Il nous appartient de le trouver et d'œuvrer à sa manifestation dans le monde.

Passer du temps seul

Les êtres humains sont des créatures sociables. Il n'en reste pas moins que nous avons tous besoin de nous retrouver seuls au moins une heure par jour. Le mot « seul » doit être compris comme signifiant « entièrement soi ». Passer du temps seul, c'est expérimenter le fait que nous sommes des êtres entiers. C'est savoir que nous nous suffisons à nous-mêmes, que nous sommes acceptables et complets simplement tels que nous sommes.

C'est en restant assis en silence ou en marchant qu'on arrive le mieux à vivre cette expérience. En ne parlant pas aux autres, en ne communiquant pas avec eux, nous pouvons appréhender qui nous sommes de l'intérieur.

Mais au cas où vous vous interrogeriez à ce sujet, sachez qu'il est difficile d'y parvenir en laissant la télévision ou la radio allumée. Votre but est d'éviter la plupart des stimuli extérieurs, de pouvoir respirer et d'être ; de laisser votre attention se détourner de vos pensées et de se centrer dans le cœur ou dans le ventre.

La respiration rythmée est un bon moyen de parvenir à ce centrage. En position assise ou en marchant, respirez tranquillement et régulièrement. Trouvez un rythme simple que vous pourrez soutenir sans effort. Cette respiration vous fera accéder à des états de conscience de plus en plus profonds.

Dans ces états, vous vous sentez profondément détendus. Le stress et l'angoisse disparaissent. Vous passez d'un état centré sur la pensée ou l'action à un état centré sur la respiration et l'être. Vous quittez le mental pour pénétrer dans le cœur. Vous entrez en communion avec vous-même, plus profondément qu'au cours d'aucune autre activité. Votre esprit est éveillé mais ne se concentre sur rien d'autre. Il se contente d'être le témoin, l'observateur.

En position assise, votre corps est détendu : toutes vos cellules se rechargent comme quand vous dormez. Mais en même temps, vous êtes tout à fait présent et alerte.

Si vous vous promenez, votre corps se déplace à un rythme naturel et lent. Vous êtes physiquement détendu et mentalement alerte.

Les enchaînements de yoga ou de taï chi ainsi que différentes formes de méditation peuvent vous aider à entrer dans cet état de profonde relaxation, de calme et de paix intérieure. Mais il n'est pas nécessaire de suivre une pratique formelle.

Il vous suffit de commencer par passer environ une demi-heure à une heure par jour en communion avec vous-même. Concentrez-vous sur votre respiration et utilisez-la comme moyen de vous détendre et de sombrer dans un état de conscience plus profond. Faites-en un moment d'appréciation et d'affirmation de vous, inspir après inspir, pas à pas.

Satisfaire votre besoin d'appartenance

Tout comme il est essentiel que vous passiez du temps seul pour nourrir votre être et communier avec lui, il est également essentiel que vous puissiez vous connecter aux autres. Certains, surtout s'ils sont mariés ou décident de vivre ensemble, devront trouver un mode de communion quotidien sous une forme ou une autre.

Les couples qui se voient tous les jours devraient intégrer à leur vie un quart d'heure minimum de partage mutuel et d'écoute silencieuse. Une autre pratique utile consiste à se tenir les mains pendant un quart d'heure, en ouvrant ou en fermant les yeux, au choix. Ces pratiques s'associent facilement les unes aux autres.

D'autres pratiques utiles consistent à se faire des massages, à se promener dans la nature, à prendre le temps de faire l'amour de façon détendue et sensuelle de manière à ce que les deux partenaires soient comblés.

Entretenir de bonnes relations nécessite qu'on leur y consacre du temps, de l'attention et beaucoup d'amour. Les rituels quotidiens ou hebdomadaires qui favorisent ce genre de soins et d'attention contribuent à aider les deux partenaires à maintenir une connexion intime et confiante.

Ceux qui pratiquent le célibat et/ou vivent seuls ont, eux aussi, besoin d'établir un contact régulier (au moins hebdomadaire) avec une communauté de cœur chaleureuse. Nous avons tous besoin d'échanger des idées, de nous raconter notre vie, de nous prendre dans les bras, de donner et de recevoir des encouragements ainsi que d'autres formes d'amour et de soutien.

Pour la plupart des gens, ce n'est pas une bonne idée que d'essayer de vivre coupés des autres. Il en résulte généralement un sentiment de solitude et de dépression. Certains peuvent même devenir psychologiquement et émotionnellement rigides et développer différentes formes d'égocentrisme.

Il arrive que l'on ne passe pas assez de temps seul ou bien que l'on en passe trop. Mais quel que soit l'extrême, il faut arriver à trouver une façon de mieux équilibrer les choses.

Ceci peut vous sembler évident, mais je connais beaucoup de personnes qui vivent dans ces situations extrêmes. Bien des parents d'enfants en bas âge, par exemple, ne passent pas assez de moments de qualité seuls, avec leur partenaire ou avec leurs enfants. C'est une grande source de stress pour toutes les personnes concernées.

Je connais également beaucoup de jeunes ou de personnes âgées qui n'ont pas d'amis ou qui n'ont pas pris le temps de bâtir une communauté d'affinité. Ils sont isolés, seuls et déprimés. Leurs besoins d'association et d'appartenance à un groupe restent simplement insatisfaits.

Il n'est pas possible de créer le bonheur si l'on n'en a pas posé les bases élémentaires en passant des moments de qualité seul et avec les autres. Si nous, nous ne sommes pas prêts à faire ces choses, comment voulez-vous qu'elles adviennent ?

Notre bonheur, nous l'avons déjà dit, relève exclusivement de notre responsabilité. Si nous voulons être heureux, il va peut-être falloir nous y employer.

Vous accepter

S'accepter est bien plus difficile qu'il n'y paraît. Nous sommes tous très durs avec nous-mêmes. Certains d'entre nous sont même carrément impitoyables !

Nous accepter nécessite que nous mettions un terme à certains de nos schémas négatifs habituels. Il nous faut, par exemple, amender la façon dont nous parlons de nous-mêmes. Cela signifie que nous devons devenir conscients des moments où nous nous trouvons toujours des défauts.

Chaque fois que nous nous surprenons à penser des choses du genre : « Je n'arriverai jamais à le faire correctement » ou bien « et voilà, je fais encore tout foirer » ou encore « je suis quelqu'un de si craintif, de si peu doué, de si maladroit, de si .... » (à vous de compléter), nous devons prendre conscience de la façon négative dont nous parlons de nous-mêmes, et savoir faire preuve d'un petit peu plus de gentillesse et de compassion à notre égard.

Nous devons être témoins de ces pensées et les voir sans nous identifier à elles. Nous apprenons à dire « et voilà, je recommence à me critiquer ». « C'est une vieille habitude dont je me défais tout doucement. Heureusement que je comprends le schéma et n'y adhère plus. »

Nous devons également cesser de vouloir être parfaits, car le perfectionnisme est la meilleure façon de nous crucifier. Nous devons accepter notre fragilité d'êtres humains, admettre nos erreurs et en tirer des enseignements.

Nous apprenons à dire : « Je peux m'accepter simplement tel que je suis, ici et maintenant, avec tous mes défauts. » Nous apprenons à nous regarder dans la glace sans faire la grimace.

Nous savons que nous sommes perfectibles, que nous pourrons toujours devenir plus confiants, plus diplomates, plus souples vis-à-vis des autres et plus sensibles à eux. Nous savons que nous sommes « une œuvre en cours de réalisation », mais nous nous reconnaissons le mérite d'avoir déjà appris un certain nombre de choses et d'avoir parcouru pas mal de chemin.

Nous apprenons à célébrer nos victoires et à nous remettre de nos échecs. Nous apprenons à cesser de nous plaindre et à remarquer tout ce qui va bien dans notre vie.

Chacun de nous cultive à chaque instant une relation avec lui-même. Quel genre de relations souhaitons-nous établir ? Désirons-nous ressentir de la compassion ou être implacables ? Voulons-nous nous bénir ou nous condamner, nous accepter ou nous critiquer ?

Il est nécessaire de prendre une décision claire et nette à ce sujet car nous ne serons pas heureux et ne pourrons pas l'être, si nous tenons absolument à avoir une relation cruelle et impitoyable avec nous-mêmes. Notre bonheur réclame que nous ayons, à tout moment, une relation d'amour et de compassion avec nous-mêmes.

Bien sûr, nous perdons parfois cette capacité. Nous ne nous aimons pas, nous ne nous acceptons pas en toutes circonstances et dans n'importe quelle condition. Mais nous apprenons à remarquer à quel moment nous nous mettons à nous critiquer et nous corrigeons gentiment le tir. Nous apprenons à nous pardonner à l'instant même.

Je donne à tous mes étudiants le mantra suivant : « Est-ce que je m'aime en ce moment ? » C'est la question la plus importante que nous puissions nous poser. Si la réponse est « Oui », nous sommes à peu près sûrs que nous sommes heureux et radieux. Si la réponse est « Non », nous comprenons la cause de notre chagrin et également ce que nous devons corriger pour retrouver notre joie et notre bonheur.

Accepter les autres

Les autres ne sont pas plus parfaits que nous. Ils sont parfois égoïstes. Ils font des erreurs de temps en temps. Ils manquent parfois de cœur ou sont maladroits. Il leur arrive d'être stressés ou en colère et de dire ou de faire des choses blessantes.

Tout comme il ne nous est pas possible d'espérer être parfaits, nous ne pouvons pas attendre cette perfection des autres. Nous devons apprendre à faire preuve de douceur et de patience avec les autres. Nous devons apprendre à leur pardonner sur l'instant.

Lorsque nous constatons que nous les critiquons, que nous les jugeons, nous pouvons être sûrs que nous sommes nous-mêmes en train de nous malmener.

Nous devons donc amener à la lumière de notre conscience non seulement ce jugement extérieur, mais aussi la blessure interne. Nous devons percevoir notre façon de juger ainsi que la blessure qu'elle recouvre et les considérer avec douceur.

Ne rien reprocher aux autres requiert une certaine pratique. Nous devons persévérer dans le fait d'amener nos jugements à notre conscience et continuer de nous rappeler que notre but est *d'accepter, non de faire des reproches.*

Au début nous serons peut-être alarmés par le nombre de jugements que nous portons sur les autres. Mais, avec le temps, nous apprendrons que tous ces jugements viennent de notre propre sentiment d'indignité. En amenant gentiment nos jugements à notre conscience, nous apportons de l'amour aux parties blessées en nous.

Plus nous développons cette pratique, moins nos jugements ont d'impact sur notre conscience. Nous arrivons à remarquer nos jugements sans les rendre réels ou sans les justifier.

Se sentir coupable de juger – ou bien juger nos propres jugements – ne fait qu'intensifier la négativité de notre conscience. N'oublions pas que le but est d'accepter nos jugements et non pas de les juger.

Je sais que tout ceci n'a probablement pas encore grand sens pour vous, mais quand vous commencerez à vous atteler à cette pratique, vous verrez ce que je veux dire.

Quand nous considérons, dans notre conscience et avec compassion, l'élément « je suis en train de juger », celui-ci a sur notre conscience un impact totalement différent de l'impact qu'a un jugement auquel nous croyons ou que nous transformons en vérité.

Nous devons nous rappeler la nature de ce travail : il ne nous est pas demandé « de cesser de juger ». Cela exercerait beaucoup trop de pression sur nous et rendrait cette pratique difficile, voire impossible.

Nous savons que nous allons juger et ce n'est pas grave. Notre travail intervient après l'apparition du jugement. Il consiste à percevoir ce jugement (afin qu'il ne soit ni habituel ni inconscient) et à le considérer avec douceur.

Amener les choses à notre conscience introduit automatiquement la possibilité de les corriger, de les accepter et de les aimer.

D'un autre côté, les jugements que nous ne remettons pas en question, c'est-à-dire les schémas habituels de reproches ou de honte, alimentent la peur, la culpabilité et le sentiment d'indignité les plus profondément ancrés en nous.

Une grande partie de notre travail d'acceptation des autres implique que nous travaillions sur notre propre état de conscience et que nous nous apportions de l'amour. Quand nous offrons cet amour à une personne en train de juger, les jugements disparaissent d'eux-mêmes.

Nous devons néanmoins être également conscients de la façon dont nous offensons les autres. Nous devons reconnaître à quel moment nos propos ou nos actions les blessent.

Quand nous remarquons que nous avons été cruels ou méchants avec eux, il est important de reconnaître que « cela vient de nous », d'admettre notre erreur, de demander pardon et si possible de réparer. Nous devons également prendre la résolution de tirer les enseignements de nos offenses et ne pas recommencer. Ceci réclame beaucoup de courage et d'engagement personnel.

En outre, il faut reconnaître qu'un des défis majeurs des relations entre les êtres est d'accepter les différences qui existent entre eux. Or pour vivre heureux, il est essentiel de considérer nos adversaires ou nos ennemis comme dignes, honorables. La majorité des gens que nous rencontrerons dans notre existence auront des valeurs et des idées très différentes des nôtres. Ils auront aussi des expériences et croyances culturelles et religieuses différentes des nôtres.

Il est facile d'accepter les autres quand eux-mêmes nous acceptent et sont d'accord avec nous. Il est bien plus difficile de le faire quand ils ne nous aiment pas et ne partagent ni nos idées ni nos valeurs.

Nous ne pouvons néanmoins pas conditionner notre amour et notre acceptation au fait qu'ils aient la même éducation ou la même expérience que nous. Nous devons tenir compte des différences et les accepter de manière tolérante, voire de bonne grâce.

Lorsque nous acceptons les différences, celles-ci n'ont pas le pouvoir de nous diviser. Lorsque nous ne les acceptons pas, elles sont source de conflits et d'antagonismes permanents.

Notre but, en l'occurrence, doit être de traiter les autres comme des égaux et de respecter leur expérience ou leur point de vue, même quand ils diffèrent des nôtres. La paix entre les êtres dépend moins du fait qu'ils soient d'accord que de l'acceptation et du respect qu'ils se portent mutuellement.

Nous apprenons donc à laisser les autres tranquilles. Nous les laissons vivre leurs propres expériences sans les juger. Nous leur en demandons moins. Nous cessons de condamner. Nous cessons de trouver des choses à redire. Nous nous appliquons à accepter les gens que nous côtoyons tels qu'ils sont.

Accepter ce qui est

Une des choses les plus difficiles pour nous est d'admettre que la vie est très bien comme elle est. Nous n'avons besoin ni de la mettre en forme ni de la modifier.

Même si nous imaginions pouvoir améliorer la donne que la vie nous a servie, il nous faudrait quand même admettre que nous n'avons pas le choix. Le maître de la donne n'est pas venu nous demander notre avis.

Nous n'avons pas choisi d'avoir un cancer du sein ou un accident de voiture. Nous n'avons pas choisi de perdre un être cher, de nous faire agresser sexuellement par notre oncle ou de voir notre entreprise faire faillite.

Ces choses sont simplement arrivées et nous devons y faire face. Nous n'avons pas d'autre choix que d'accepter ce qui nous est arrivé dans la vie. Si nous avons été blessés par ces événements, nous devons apprendre à soigner ces blessures pour pouvoir guérir.

Certains, parmi nous, sont déçus par la vie parce qu'elle n'a pas correspondu ou ne correspond pas à leurs attentes. Il est possible que cela nous rende amers. Nous accuserons peut-être les autres, nous accuserons même Dieu.

Mais l'amertume et le ressentiment n'améliorent pas notre situation et ne nous aident certainement pas à guérir. Pour être heureux, nous devons donc y renoncer.

Nous devons cesser de nous plaindre et apprendre à passer à autre chose. Nous devons trouver un moyen de recouvrer notre pouvoir et d'exercer notre libre arbitre. Nous devons cesser de nous trouver des excuses et renoncer à être des victimes, parce que les victimes sont incapables d'être heureuses.

Tous les événements qui se produisent dans votre vie vous offrent une occasion d'accepter les choses ou de les rejeter, de les apprécier ou de vous plaindre, de coopérer ou de résister. Les tactiques de déni ou de résistance ne créent pas le bonheur. Au contraire, elles l'entravent et ne sont rien de plus qu'une perte de temps et d'énergie.

Vous aurez beau tourner et retourner sur ce manège, vous reviendrez sans cesse au même choix : allez-vous utiliser ce que la vie vous offre ou le refuser ? Allez-vous dire « Oui » ou « Non » à votre vie ?

La façon dont vous répondrez à ces questions définira de manière assez claire votre quotient de bonheur. Ceux qui disent « Non » à ce qui leur arrive dans la vie gaspillent l'occasion qui leur est donnée de devenir plus sages et plus forts. Ils refusent d'acquérir les outils nécessaires pour réussir leur vie.

Parfois, la vie est dure. Cette vérité ne s'applique pas qu'à vous. Elle s'applique à tout le monde. Est-ce que cela signifie que vous n'allez pas répondre présent ? Pensez-vous vraiment que ce choix existe ?

J'aime imaginer que la vie est une sauce savoureuse et que nous sommes tous des boulettes de viande plongées dans cette sauce. Parfois, quand le feu se fait plus fort, nous sommes forcés de traiter le problème. Si nous sortons trop tôt de la sauce, nous ne serons pas assez cuits. L'univers ne manquera pas de le remarquer tôt ou tard et il nous replongera dans la marmite.

Au fond, nous ne pouvons pas sortir de la sauce avant d'être cuits à point. Toute autre possibilité serait prématurée et irait à l'encontre des règles culinaires.

En d'autres termes, vous devez parfois simplement relever les défis que la vie vous présente, faire bonne figure et tirer les enseignements qui se présentent à vous. Ni vous ni moi ne faisons exception à la règle.

Bien sûr, je suis conscient que quelquefois la vie s'approche de vous, vous regarde droit dans les yeux, tout sourire, et vous balance un grand coup de massue sur la tête. Quand cela se produit, il n'y a absolument rien à faire. Vous n'avez strictement aucun moyen de vous y préparer.

Peut-être que c'est arrivé parce que vous deveniez un petit peu trop imbu de vous-même ou peut-être étiez-vous simplement au mauvais endroit à ce moment-là.

Peu importe. Vous devez l'accepter, parce que c'est arrivé.

Laissez tomber l'idée de comprendre pourquoi ! S'il existe une explication, elle viendra d'elle-même. Sinon, vous aurez beau vous creuser la tête, monter, démonter, remonter le système, vous n'arriverez pas à comprendre.

Parfois, vous n'aimez pas ce qui arrive, mais vous devez quand même l'encaisser. Vous êtes cuit ! Vous n'y pouvez absolument rien.

Ce ne sera ni la première ni probablement pas la dernière fois. Cela ne sert à rien de vous plaindre.

Dieu ne vous hait point. L'univers ne s'acharne pas contre vous. Vous avez seulement entendu un cri d'alarme, un cri poussé pour vous réveiller. Cela veut dire que le seul choix que vous ayez est de vous réveiller !

Alors bon, sortez du lit et allez faire le café. Vous pourriez même aller au travail un peu en avance ce matin-là. De toute évidence, vous avez quelque chose à faire, même si vous ne savez pas encore quoi.

Contentez-vous d'être là et tout deviendra clair. On ne se fait pas réveiller aussi brutalement si on n'a rien à faire.

Acceptez la leçon et dites : « D'accord, Dieu, ça y est, tu as toute mon attention, tu peux y aller. Je suis prêt à écouter. Je suis prêt à apprendre. »

Et si vous ne croyez pas en Dieu, adressez-vous au gars qui tient la massue. Lui saura vous donner le message. Franchement, peu importe que vous l'entendiez de la bouche de l'expéditeur ou de celle du messager !

Une fois que vous aurez reçu le message, vous pourrez faire les ajustements que la vie vous demande de faire. Peut-être qu'à ce moment-là tout commencera à faire un peu sens.

Rétrospectivement, vous arrivez à voir pourquoi vous aviez besoin de ralentir ou de rétrograder. Vous voyez que vous fonciez tout droit en enfer au fond d'un panier et il fallait bien que quelqu'un attrape l'anse pour vous arrêter.

Cela n'a rien de personnel, et c'est bien que vous l'ayez compris.

Vous pouvez à présent être un joueur dynamique et heureux, car il est désormais improbable que vous soyez inconscient ou que vous ayez envie de vous assoupir.

Vous avez bien appris la leçon. Vous n'avez pas besoin d'un autre coup de massue sur la tête.

Après un certain temps, vous commencez à remarquer que ceux qui reçoivent le plus de coups sont ceux qui ne faisaient pas suffisamment attention.

Certains prennent tout pour acquis. D'autres sont simplement insouciants ou suffisants.

En regardant autour de vous à présent, vous arrivez presque à voir les choses venir.

Vous pourriez éventuellement dire à votre collègue ou à votre copain : « Pour ton information, sache qu'il y a un gars qui te suit partout avec une massue. »

Peut-être qu'il vous regardera en pensant que vous êtes fou mais, au moins, vous l'aurez prévenu. C'est incroyable le nombre de gens qui sont prévenus et qui pourtant n'y prêtent aucune attention.

Répondre à l'appel

La vie est empreinte de mystère et son sens nous échappe souvent. Mais le message que vous recevez, quand vous vous trahissez ou trahissez les autres, est généralement assez évident. Tant mieux, parce que nous ne sommes pas, pour la plupart, très intelligents. Et même ceux qui le sont n'entendent souvent que ce qu'ils désirent entendre.

D'habitude, le message ressemble à quelque chose comme : « Réveille-toi. Cesse de donner ton pouvoir aux autres. Arrête de les blesser. Cesse de te trahir. » Le message prend, en général, la forme d'un choc qui nous pétrifie et qu'accompagne une puissante douleur. C'est fait exprès pour que nous ne puissions pas l'ignorer.

Dans l'autre partie du message que vous entendrez, si vous persistez à écouter, il est dit : « Tu as quelque chose à faire dans cette vie. Tu as un don dont on a besoin. Tu as une contribution à apporter. N'ignore pas ce don, ne refuse pas de l'offrir. »

L'univers vous demande de cesser d'être une victime et de devenir créateur de votre vie. Il vous est demandé de développer une relation de confiance avec vous-même et avec le monde qui vous entoure. Que vous croyiez en Dieu ou non, le message concerne exclusivement votre but dans la vie et le sens spirituel que vous lui donnez.

Alors vous devez continuer à écouter. Désormais, vous allez avoir une « conversation avec Dieu » ou du moins un dialogue avec le gars qui tient cette massue. Autant vous y faire.

On vous extrait du troupeau des victimes et des grincheux pour vous enrôler dans une armée de gens qui désirent aider et guérir les autres, des gens qui veulent vraiment changer les choses dans leur vie et dans celle des autres. On vous remet votre mission pour cette incarnation.

Il se peut que vous ne croyiez pas du tout en tout ceci. Ce n'est pas grave. Contentez-vous de jouer le jeu. Vous n'avez pas besoin de croire en votre mission de vie pour la remplir. Si vous êtes prêt à être présent, si vous voulez bien aider, on vous trouvera du travail. Il y a largement de quoi faire.

Il existe de nombreuses âmes malheureuses, déprimées, suicidaires ou bien d'autres choses encore. Vous vous rappelez peut-être l'époque, assez récente, où vous-même étiez dans ce cas.

Donc vous savez à quel point un être humain peut se sentir abandonné ou maltraité. La peur, la douleur et la honte ne vous sont pas étrangères.

Voilà pourquoi vous pouvez être aussi utile à présent.

Vous savez descendre dans les tranchées. Vous savez les mots qu'il faut dire. Vous savez ce que les gens ont besoin d'entendre. Vous connaissez le message qui vous a délivré du désespoir. Êtes-vous surpris d'être à présent celui qui doit le délivrer ?

L'univers a un dessein intelligent, même si celui-ci semble souvent très bien déguisé. Il a une approche méthodique dans sa folie.

Nous sommes forcés de rire lorsque la folie semble dominer. Ce n'est pas de notre faute. Ce n'est même pas la faute du Grognon en chef.

La loi de l'emmerdement maximum marche à tous les niveaux de l'existence. Son inventeur a même un parent qui a été canonisé !

Les choses ne deviennent pas nébuleuses et difficiles à comprendre que sur Terre. Elles le deviennent aussi dans les plans supérieurs, où la sagesse et la grâce sont censées dominer. Voilà pourquoi le sens de l'humour est nécessaire.

Même l'Être divin doit, de temps en temps, en rire. Et parfois quand Il/Elle le fait, le ventre du Paradis semble se secouer comme une baleine.

Nous aussi, nous devons prendre le temps de rire de l'absurdité totale de l'existence. Quand nous le faisons, nous sommes un peu soulagés du poids de nos lourds fardeaux. Et là, pendant un court instant, nous avons un petit aperçu de ce que serait l'existence si nous nous libérions de nos peurs, de nos douleurs et de notre honte.

Le temps d'un instant, nous nous imaginons libérés de cette existence humaine fondée sur l'ego, oppressante comme un étau. Nous nous mettons à flotter avec les anges vers un lieu plus léger, plus heureux, plus doux.

Mais à ce moment-là, peut-être parce que nous craignons de lâcher totalement prise, notre système de pensée nous ramène sur Terre. Et nous reprenons nos grosses valises et grimpons vers le haut de la colline suivante.

Ceci, mes amis, est ce qu'a fait Sisyphe. Il a peiné pour pousser ce rocher jusqu'au sommet de la montagne et là s'est rendu compte que son poids était insupportable ; il a senti le rocher lui échapper et l'a vu à nouveau dévaler la montagne.

Heureusement pour lui, le rocher ne l'a ni aplati ni fait dégringoler jusqu'en bas. Il a survécu un jour de plus pour tenter encore une fois de le remonter vers le ciel.

Ce que la plupart des gens ignorent à propos de Sisyphe, c'est que, lors de sa énième tentative, il a connu un éveil spirituel. Précisément au moment où le rocher a dévalé à nouveau la montagne, Sisyphe a été submergé par l'absurdité de la situation et s'est mis à avoir le fou rire. En vérité, il a tellement ri que même Dieu en est devenu jaloux.

À partir de ce jour-là, Sisyphe est simplement resté sur la montagne à regarder les fleurs pousser et se faner. Il savait qu'il y avait une saison pour chaque chose, un temps pour vivre et un temps pour mourir, un temps pour charrier de grosses pierres et un temps pour ne plus s'en occuper.

Pour faire court, le temps du lâcher prise était venu pour Sisyphe, et ce temps-là arrivera pour chacun d'entre nous.

En attendant, n'oublions pas de rire. Notre qualité de vie dépend beaucoup de notre capacité à cultiver un sens de l'humour cosmique.

Si vous ne me croyez pas, demandez au gars à la massue !

Grâce à lui, la tristesse et le chagrin n'ont pas la moindre chance. Vous et moi laissons le passé derrière nous et, grâce à lui, nous nous éveillons à la joie qui est notre droit inné.

Je m'incline devant l'être de lumière qui est en vous. Puisse la joie illuminer votre cœur et danser dans vos yeux. Puisse-t-elle se répandre à une allure folle. Puisse-t-elle réjouir le cœur de tous ceux qui partagent votre vie et pétiller dans leurs yeux !

Imprimé en France par France Quercy, 46090 Mercuès
Dépôt légal : juin 2010 - N° d'impression : 01135